오춘실의
사계절

오춘실의 사계절

김효선 에세이

낮은산

추천의 글

김효선 MD가 쓴 리뷰를 읽고 나면 나는 언제나 울고 싶어졌다. 소설을 쓰는 동안 나를 스쳐 간 크고 작은 마음의 충격과 실금들을 바라봐 주기 때문이었다. 《오춘실의 사계절》에서 이제 그의 눈은 엄마와 자기 자신을 향해 있다. 소설적 부양 없이도 얼마든지 헤엄쳐 나갈 수 있는 '사실 세계'의 힘과 아름다움에 대해 나는 경이롭게 깨달았다. 세상의 수영복 숫자만큼이나 각양각색의 인간들을 다 품어 내는, 이 너른 시선을 따라가다 보면 어느덧 "해내고 싶어 하는 마음"으로 나 자신이 가득 찬다. 그러한 마음의 부상은 좋은 책들만이 지니는 특별한 위엄이다.

_**김금희(소설가)**

김효선의 '장래 희망' 중 하나는 "엄마 같은 여자가 되는 것"이다. 나는 이 놀라운 꿈 앞에 골똘했다. 내게 엄마와 엄마의 삶은 참고문헌이라기보다는 반면교사였다. 엄마처럼 살지 않겠다고 다짐하고 애쓰면서 시절을 지나왔다. 만만한 게 엄마여서 그랬다. 그 만만함이 사랑으로 물들어 있음을 깨닫는 데 많은 시간이 필요했다. 딸 김효선에게 엄마 오춘실의 삶도 뒤늦게 도착했다. 두 사람은 수영장에서 몇 번이고 새롭게 다시 만난다. "물 잡는 기쁨"은 뭍에서 만들어진 굴곡진 삶의 모서리를 둥글게 깎아 주었다. 불행을 압도하는 오춘실의 '생의 의지'를 김효선은 유산 대신 받아 적는다. 세상은 오춘실을 업신여겼지만, 오춘실은 세상을 업신여기지 않았다. 오춘실에게 행복은 설탕에 재어 놓은 토마토처럼 별것 아닌 데 있다. 그 대수롭지 않음이 내게도 질문을 남긴다. 엄마의 행복이 어디에 깃들어 있는지 나는 모른다. 그 당혹감이야말로 오춘실이 내게 건넨 최고의 선물이다. 책장을 넘길 때마다 생의 비밀이 물처럼 밀려온다. 그렇게 휩쓸린 당신의 마음은 무엇일지, 함께 이야기 나누고 싶다.

_장일호(〈시사IN〉 기자)

타인의 책이 제대로 대접받기를 꿈꾸며 추천평을 써 온, 김효선, 그가 이제는 작가의 자리에서 독자를 만난다. 온 우주에서 가장 사랑하는 존재, 오춘실을 위해. 작가는 내 단편소설 <문래>를 보며 "소설 속 엄마가 꼭 우리 엄마 같았다"고 썼는데 오춘실을 알게 된 지금, 나는 확신한다. 오춘실이 보았던 풍경은 내 엄마의 것이기도 하므로 앞으로 내가 보는 풍경도 그 다정함의 면적만큼 확장되리란 것을. 평생 노동으로 딸을 먹이고 살렸으며, 부당한 처우에는 바짝 날을 세우지만 세상 한가운데선 여전히 호기심 많은, 매 순간 타인의 사정을 살펴 온 사랑스러운 당신, 김효선의 오춘실, 그리고 우리 모두의 오춘실에게 전하고 싶다. 당신은 위대하다고, 위대한 삶을 살아왔다고.

―조해진(소설가)

차례

추천의 글 5 　　　프롤로그 12

**엄마와 나는
물에서
새롭게 만났다**

오춘실의 봄

2020년 종로
"독하니까 먹고 살았쟈!" 20

2020년 종로
"내가 알아." 29

1978년 영등포
"두근두근해." 34

2021년 마포
"오춘실의 세상이네." 39

2021년 마포
"추워서 허리가 땡겨." 47

2021년 마포
"처음 들어왔을 땐 여기가 뛰었어." 55

1984년 안양
"좋으니까 살았겠지." 60

오춘실의 여름

2021년 마포
"어디가 아프셔?" 70

2021년 마포
"요즘은 수영하는 게 제일 즐거와." 77

1985년 안양
"내가 좋아서 선택한 거니까 83
쪽이 못 난 거야."

1985년 안양
"우리 딸은 아버지 없이 키우고 싶지 않았지." 88

2022년 마포
"그거 하기 싫여." 97

2022년 마포
"이미 먹은 물은 어쩔 수 없어!" 103

2022년 마포
"몰라. 저절로 됐어." 108

1993년 안산
"그 인간도 곱게 죽진 못했을 거야." 116

2022년 종로
"평발이라고 못 한 거 없어!" 127

1998년 안산
"40대 땐 샛노랬어." 138

1998년 안산
"그때 그 냄새가 나." 143

오춘실의 가을

2023년 마포
"사람 없어 좋다." 150

2023년 마포
"행복이 별건가요." 157

2002년 안산
"자존심으로 산 거야." 165

2023년 송파
"원래 첫술에 배부른 거 아닌겨." 177

2005년 안산
"내가 정말 대단한 사람이야?" 186

오춘실의 겨울

2024년 마포
"물에 떠다니면서 이 사람 만나고 194
저 사람 만나고 좋잖어."

2024년 중구
"재밌게 살아. 인생은 재밌게 사는겨." 202

2015년 안산
"개도 사정은 있어." 209

2024년 마포
"여자라고 우습게 보는 거야." 218

2024년 마포
"오늘도 시간 잘 갔다." 227

2024년 종로
"나 가면 하나님이 그럴까. 235
우리 춘실이 잘 왔다."

2024년 마포
"예전의 춘실이가 아니야." 244

에필로그 252

**먼 곳을 돌아 이 모든 이야기가
시작되었다**

프롤로그

엄마와 나는 물에서 새롭게 만났다

엄마 얘기를 쓰겠다고 했을 때 엄마는 두 가지를 물었다.
"내 얘기도 책이 돼?"
"내 이름도 꼭 밝혀야 돼?"
엄마의 이름은 오춘실(吳春實). 나는 엄마 이름이 부끄러웠다. 친구들에게 엄마 이름을 제대로 알려 준 적도 없었다. 본명이 이유미인 희극인은 이영자로 활동하고, 본명이 홍수연인 가수는 춘자로 활동한다. 〈나는 솔로〉 출연진은 옥순, 순자, 영자 같은 이름을 사용한다. 춘실도 그런 이름들 중 하나다.

이모 이름은 괜찮은데 왜 하필 우리 엄마만 이런 이름일까. 나는 엄마의 다른 이름을, 엄마의 다른 삶을 상상해 보기도 했다. 엄마가 우아하고 세련된 이름을 가진 대학 나온 사람이었다면 어땠을까.

"엄마 이름 바꾸면 안 돼? 오소영 어때?"

"아이 싫어."

"왜 싫어! 그럼 오해란 어때."

"그건 우리 사촌 언니 이름이야."

엄마는 자기 이름이 좋다고 했다. 엄마는 고집이 세고 늘 자기 맘대로다. 조금만 더 떼를 쓰면 칵! 하고 위협하는 소리가 나올 것이다.

"우리 아빠가 지어 준 이름이라 바꾸기 싫어."

할아버지와 할머니는 모두 실향민이다. 피난길에 가족과 헤어지게 된 그들은 남쪽에서 재혼해 가정을 이뤘다. 좀처럼 들어서지 않던 아이가 오십 줄에 생겼을 때 할아버지는 크게 기뻐했다. 북쪽에 아들만 있는 할아버지에겐 엄마가 첫딸이었다.

할아버지는 그래서 엄마에게 춘실이라는 이름을 지어

주었다. 할아버지에게만은 엄마는 기다리던 봄의 열매였다. 예스럽고 촌스러운 이름이어도 엄마 자신에게는 애틋한 이름이었던 것이다.

할아버지는 엄마가 열 살일 때 돌아가셨다. 딸들이 워낙 어려서 혹시라도 놀랄까 아는 집에 잠시 보내 두었던 터라 엄마는 할아버지 임종도 보지 못했다. 친척집 화재 때 맡겨 둔 앨범이 타 버려 엄마는 할아버지 얼굴도 기억하지 못한다. 둥그런 형체와 벙긋 웃는 표정뿐. 엄마 형제들은 다들 얼굴형이 애호박처럼 길쭉한데 엄마만 단호박처럼 둥그렇다. 할아버지가 꼭 그렇게 생겼었다고 한다.

할아버지 묘를 정리하느라 파묘하러 다녀온 날 엄마는 유독 속상해했다. 할아버지가 보고 싶어도 이제 엄마에겐 찾아갈 장소가 없다. 기억도 사진도 없는 엄마에게 이제 할아버지를 추억할 수 있는 것은 하나. 엄마 이름뿐이다.

부모님 최종 학력을 학교에서 조사할 때 나는 늘 엄마 중졸, 아빠 고졸에 손을 들었다. 엄마의 최종 학력이 초등학교 졸업이라는 건 어른이 된 후 우연히 알았다. 엄마는 최종 학력이 가짜로 기재된, 남편이 써 준 이력서를 들고 다니며 일을 구했다. 아빠도 실제로는 중졸이었다. 나는 엄마, 아빠가 초졸, 중졸인 것보다 거짓말을 한다는 게 더 부끄러웠다.

이력서 속 엄마가 아닌 실제 엄마는 교복을 입어 본 일조차 없다. 중학교에 가는 대신 할머니가 시키는 대로 집안일을 했다. 산에서 나무를 해 오고 밥을 짓고 키우는 동물을 돌봤다.

"왜 엄마만 중학교 안 갔어?"

"공부는 취미가 없었어."

여동생인 이모는 고등학교까지 나왔다. 할머니는 둘 다 똑같이 가르칠 걸 그랬다고 두고두고 후회했다. 학교를 잘 나왔다면 아빠가 아닌 다른 남자를 만나 더 잘 살지 않았을까 해서. 아빠랑 못 살겠다고 찾아간 엄마에게도 할머니는 "니가 많이 배우길 했니, 잘난 게 있니" 하고는 달래서 집으로 돌려보냈다고 한다.

6학년 때 산수 나머지 공부를 했을 정도로 학교 수업을 못 따라간 것도 사실이었고, 두 딸을 모두 가르치기엔 버거운 형편이었던 것도 사실이었다. 배우지 못한 한 같은 건 없었다. 엄마는 환경 탓을 하는 대신 자기 탓을 하는 사람이다.

엄마가 처음 돈을 받고 노동을 한 건 열네 살 때다. 엄마는 염전에 나가 소금밭에서 심부름을 했다. 장화를 신고 챙이 넓은 모자를 쓰고 염판을 밀대로 미는 사람들 모습에 키가 작고 얼굴이 동그란 여자애를 겹쳐 본다. 열흘을 일한 엄마는 급료를 받아 이모 책가방을 사 줬다.

엄마는 과수원, 식당, 공장, 병원, 목욕탕, 아파트, 학교 등 가리지 않고 닥치는 대로 40년을 일했다. 엄마가 마지막으로 한 일은 고등학교 청소였다. 엄마는 13년 9개월의 장기 근속 끝에 정년퇴직을 두 달 앞두고 허리 골절을 당해 예상보다 이르게 노동을 그만뒀다.

코로나19로 세상이 폐쇄되던 시점에 엄마는 퇴직했다. 그동안 잘 대해 준 사람들에게 수건이나 떡을 돌리고 명예롭게 퇴직하려던 엄마의 꿈도 상황이 여의치 않아 이뤄지지 못했다. 산재 치료 중간에 치르게 된 퇴임식에서 조촐하게 모인 사람들이 엄마의 퇴직을 축하하며 기념사진을 찍었다. 엄마를 위해 학교에서 새겨 준 감사패에는 '환경미화 오춘실'이라는 이름이 새겨져 있다. 엄마의 대단한 인생엔 더 거창한 인사가 필요하다. 그래서 나는 엄마 인생을 쓰기로 했다.

엄마와 나는 물에서 새롭게 만났다. 일하는 여자라는 공통점으로 말문을 텄다. 165개월을 근속한 직장을 그만두고 이제 엄마는 43개월째 헤엄치고 있다. 엄마가 물을 잡았다 놓으며 이야기처럼 졸졸 흘러가면 나는 그 말을 좇아 엄마를 따라갔다.

"사는 거 힘들었어?"

"힘들어도 할 수 없지 뭐."

좋아도 할 수 없고, 싫어도 할 수 없고. 엄마는 입버릇처럼 말한다. 엄마는 그렇게 할 수 없는 일은 지나가길 기다리며 살았다. 억세게 일했고, 억세게 고생했고, 벌컥 화를 내고, 자주 웃고, 즐거우면 춤을 추고, 잘 울지 않았다.

자주 엎어지던 엄마는 넘어져서 된통 깨진 자리에서 다시 시작했다. 땅 짚고 헤엄치는 것 같은 행운이 엄마에게 허락된 적은 한 번도 없다. 비바람이 불어도 엄마는 낙심하지 않았다. 그 복스러운 얼굴을 기록하고 싶다.

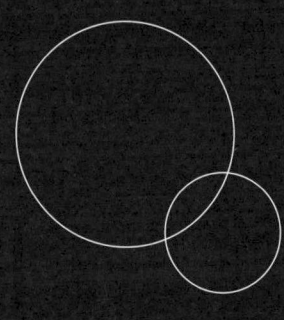

그해 봄 나는 물을 질 줄 아는
엄마와 떠날 여름휴가를 상상했다.
따뜻하고 부드러운 물이 팔을
스치는 감각과 낯선 도시의 냄새에 대해
엄마와 이야기하고 싶다.
수영복 자국이 난 그을린 등을
접었다 펴며 팔을 뻗고 싶다.

오춘실의 봄

> 2020년 종로
>
> "독하니까 먹고 살았쟈!"

> 우리 각자의 마음에 있는 용감하고 멍든 어린
> 소녀에게 마음을 더 많이 쏟아 줌으로써,
> 뛰어난 존재가 되려고 엄청난 노력을 쏟아
> 붓고 품게 되는 기대를 줄임으로써, 서로에게
> 너그러워지는 연습을 할 수 있다.
>
> _ 오드리 로드, 《시스터 아웃사이더》,
> 주해연·박미선 옮김, 후마니타스, 2018

    수영 초급반 수업은 정해진 루틴대로 돌아간다. 진도가 비슷한 회원끼리 묶어서 숨쉬기 조, 킥판 발차기 조, 자유형 팔 돌리기 조가 정해지고 대체로 한 달 안에 자유형을 시작한다. 한 반엔 최소 열다섯 명 이상의 수강생이 있어 개인 사정을 반영해 가며 강습 속도를 조절하긴 어렵다. 진도를 따라가지 못하는 사람들은 서서히 사라졌다.

엄마가 초급반에 서 있는 모습은 상상이 되지 않았다. 엄마는 동작이 느렸고 윽박지르면 기가 죽었다. 물을 무서워하는 엄마가 일반적인 초급반 강습을 따라가긴 어려울 것 같아 최소한 물에 뜰 수 있을 때까지는 나한테 수영을 배우기로 했다.

일주일에 세 번 엄마와 수영장에 갔다. 엄마는 자신의 몸이 물에 뜰 수 있다는 것을 신기해했다. 수영장은 신비로운 세계였다. "뜬다! 뜬다! 호잇!" 아기공룡 둘리처럼 효과음을 넣으면 엄마는 겁먹은 눈으로 약간의 의심을 품은 채 킥판에 의지해 조심스럽게 발차기를 시작했다. 통통한 편인 엄마 몸은 고등어처럼 둥글었다. 저항을 덜 받는 유선형 몸은 손에 힘이 잔뜩 들어가도 둥실 떠올랐다. 엄마도 중력에서 해방된 물의 세계에 입성한 것이다.

중력이 내 몸을 상시 지배하고 있다는 걸 아프고 나서야 알았다. 갑자기 불어난 살을 허리가 감당하지 못했다. 수영장에 몸을 띄우면 그제야 안 아팠다. 마음이 아픈 뒤에야 마음이 있었다는 걸 알게 되듯, 허리가 멀쩡할 땐 허리가 있다는 걸 의식하지 못했다.

엄마는 허리가 뎅강 부러졌고 나는 마음이 뽀각 부서졌다. 재활은 내게도 절실했다. 마음이 아파 살이 쪘고, 살이 쪄서 몸이 아팠고, 내 몸 하나 맘대로 못 하는 내가 미워 또 정신이 나빠지는 악순환이었다. 코로나19로 모든 운동 시설이 문을 닫았던 혹독한 봄에 수영장과 잠시 이별했다. 수영장이 불에 지진 인두처럼 이글이글 끓는 내 마음을 식혀 주는 응급실 같은 곳이었다는 걸 센터 문이 닫히고서야 알았다. 회사와 집과 수영장을 잇는 생활의 패턴이 무너지며 마음의 평정을 잃었고, 4년간 감량한 15kg이 도루묵이 되어 20kg이 불었다.

마음의 병이 시작된 건 당시 관리자와의 갈등 때문이었다. 많은 사람이 인생을 걸고 책을 만든다. 그렇게 만들어진 책이 제대로 된 대접을 받을 수 있도록 적당한 자리에 두고 쓰다듬고 싶었다. 여기 이렇게 귀하고 좋은 게 있다고 소문내고 싶었다. 서점에서 일하는 건 인생을 걸어 볼 만한 일이었다. 책을 팔다 길을 잃어도 마냥 좋았던 나날이었다.

이전 관리자와 손발을 맞춰 일할 땐 일만 해도 되는 게 드물고 귀한 행운이었다는 걸 몰랐다. 새로 온 관리자는 위에서 모르는 일은 안 해도 된다고 머리만 풀숲에 감춘 꿩 같은 말을 했다. 그쪽에서 우습게 보는 그 일들이 내겐 모두 중요한 일이었다. 직장을 직장으로 대하지 못한 내게도 잘못은 있었다.

누가 하든 다 비슷하게 할 수 있는 일이라고, 내 자리에 누가 와도 된다고, 나 역시 대체 가능한 사람일 뿐이라는 말에 지고 싶지 않았다. 아무렇게나 해도 되는 일이 아니라는 걸 증명해 보이고 싶어 싸우듯 일하다 그만 균형을 잃고 미끄러졌다.

새 관리자는 내가 하는 호소는 무시하고 내가 해낸 업무는 가로챘다. 그토록 많은 일을 던져 놓고 과정은 모른 척하다 정작 일이 끝나면 별일 아니라고 낮춰 말했다. 나는 무리하고 있었다. 무한정 일을 쳐 내면서 웃기까지 할 수는 없었다. 관리자가 하는 이런 요구를 이중 구속 지시라고 한다는 건 나중에 알았다.

선호하는 팀원과 선호하지 않는 팀원에게 다른 말을 한다는 것, 내가 듣는 지시는 거짓말인 것도 나중에 알았다. 자기 포장에 능한 관리자가 순간을 모면하느라 서로에게 교묘하고 공교로운 말을 덧바르면 모난 돌인 나는 모르는 자리에서 정을 맞았다. 문제 제기를 하는 사람은 문제 있는 사람이 된다. 관리자가 그린 지도에서 나는 외딴섬이었다.

모든 운동 센터가 휴업을 한 봄이었다. 수영장도 헬스장도 가지 못해 시간은 남아돌고 잠을 잘 수가 없어 일주일에 일곱 번 술을 마셨다. 새벽 5시까지 술을 먹고 잠시 눈을 감았다 뜨면 또 출근이었다. 신경이 날카롭고 정신이 탁하니 능률이 오를 리 없는데도 끝내지 않으면 집에 갈 수 없었다. 사람들에게 날카롭게 군다는 걸 알면서도 조절이 잘 안 됐다.

평생 힘만 주고 살아서 힘 빼는 법을 몰랐다. 내 일을 업신여긴다고 존재를 업신여기는 것으로 받아들일 필요는 없었는데 가진 게 이것밖에 없어서 분리를 못 했다. 내가 나 스스로에 골몰하던 시간 동안 사람들도 나를 보고 있었다. 회사에 앉아 있으면 얼굴이 붉어지고 심장이 뛰고 눈물이 났다. 새 관리자가 오고 석 달 만에 정신건강의학과에서 질병코드를 받았다. 최종적인 병명은 적응장애였다.

나도 모르게 "이렇게 열심히 하면 그래도 알아줄 거라고 생각했다"고 하자 신경정신과 선생님은 "열심히 하는 사람을 사람들은 좋게 보지 않아요"라고 했다. 그제야 비호감 청소년이던 내가 비호감 어른이 됐을 뿐이라는 걸 알았다. 이유가 있어서 싫어하는 거라고 사람들이 말했대도 서운할 것도 없었다. 나도 내가 싫었다. 다르게 살 수 있다면 그렇게 했을 것이다.

방 하나 가득 책이 있어도 엄마는 내가 읽는 책을 들춰 보는 일이 없었다. 김연수 신작, 애니미즘 같은 주제로 나와 이모가 떠들고 있으면 엄마는 딴청을 피웠다. 셋이 만난 자리에서 내 하소연을 들은 이모는 의미심장한 표정으로 "너 처음 억울해 봐서 그래. 결혼하면 억울한 일투성이야" 했다. 나와 비슷한 정신세계를 가진 이모도 일하고 생활하며 예전에 비슷한 일을 겪어 봤던 것이다.

없는 집에서도 곱게 자랄 수 있다. 외동으로 자란 데다 타고나길 눈치도 없는 나는 깎아내리는 사람이 처음이라 상황에 능숙하게 대처하지 못했다. 처음 겪는 가부장제의 맛은 얼얼했다. 꺾는 대로 꺾이고 구기는 대로 구겨진 나는 만신창이가 되어 술에 절었다.

자유수영 초급 레인에 오래 누워 있던 코로나 이전의 세상이 그리웠다. 다리를 움직이지 않으면서 팔만 휘휘 저어

어설픈 배영으로 25m를 돌고 나면 온화한 물이 은근한 온도로 나를 식혀 주었다. 바라는 건 하염없이 헤엄치는 것뿐이었다.

직장이 괴로울수록 평생을 일한 엄마를 향한 존경심이 커졌다. 엄마는 이보다 험한 골짜기를 스스로 헤쳐 나왔다. "엄마는 이 짓을 어떻게 50년이나 했어?" 말하면 엄마는 그냥 웃었다. 최종 학력 초등학교, 기술도 경력도 없는 중년 여자에게 주어지는 일자리는 시리고 습한 자리뿐인데도.

엄마는 일하다 자주 다쳤다. 문에 끼여 왼손 세 번째 손가락이 휘어졌고, 낙상으로 양 손목과 앞니가 부러져 수술을 했다. 브릿지를 한 앞니와 양 손목의 철심 자국을 볼 때면 존경스러운 마음에 말이 더 장난처럼 나왔다.

"그 손목으로 어떻게 정년까지 일했수. 독해."

"독하니까 먹고 살았쟈!"

그런 말을 할 때 엄마는 흉 진 손목을 자랑스러워했다.

2020년 12월. 엄마는 평소처럼 하루 일을 마치고 열쇠를 반납하던 중 발꿈치 뒤 전기선에 걸려 고꾸라져 넘어졌다.

사고 후 다음 날까지는 심각한 줄 몰랐다. 응급실에서 MRI를 찍고 척추 골절을 확인하고도 걸어서 퇴원한 엄마는 그날 밤 자리에 누운 후 일어나지 못했다. 일어나지 못하는 엄마의 소변을 받아 내던 새벽 내내 아빠는 공포에 떨었다. 나는 아무것도 모르고 그날도 술에 취해 잠들었다.

오전 회의를 마치고 점심시간에 해장할 생각을 하던 평범한 날이었다. 12시 정각에 전화가 걸려 왔다. 아빠가 울고 있었다. 한 번도 들어 본 적 없는 목소리였다.

"아빠. 왜 그래. 무슨 일이야."

"……엄마가 죽을 것 같아."

마음이 약한 아빠가 우는소리로 엄마가 밤새 겪은 상황을 설명했다. 엄마가 못 일어난다고. 이대로 영영 못 걷게 될까 겁이 난다고. 아빠는 11시 반부터 시계만 보며 혼자 울기 시작했다고 했다. 그 와중에 일을 방해하지 않으려 점심시간만 기다렸을 아빠가 그려져 마음이 아팠다.

놀라서 바로 안산 집으로 갔다. 누워서 눈만 멀뚱멀뚱 뜨고 있는 엄마가 머리가 헝클어진 채 푸시시 웃고 있었다. 무작정 첫 진료 때의 MRI 촬영본을 받아 사설 구급차를 불러 '서울 큰 병원'으로 엄마를 옮겼다.

눈만 감으면 평범한 척 살 수 있었다. 엄마가 허리를 다친 건 이번이 처음이 아니었다. 부러지고 다치면서 위험하게 일하는 걸 알면서 엄마가 한 달만 더 일했으면 버텨 줬으면 바란 나 자신이 밉고 후회스러웠다.

코로나19로 입원실을 구하는 것도 쉽지 않았다. 이 응급실에서 저 응급실로 몇 차례 오간 끝에 밤 10시가 다 돼서 가까스로 엄마를 독립문에 있는 한 병원에 입원시킬 수 있었다. 그 여정 내내 내 가방엔 어제 사 둔 소주병이 들어 있었다.

2020년 종로
"내가 알아."

> 그리고 마침내 여섯 번째로 뼈가 부러지는 사고를 당했다. 그렇게 애를 써서 나는 그냥 어른이 되었다.
>
> _ 윤성희, 〈여섯 번의 깁스〉《날마다 만우절》, 문학동네, 2021

10년 전 팔목 골절 수술 때도 엄마는 이틀을 한 끼도 먹지 못하고 앓았다. "추워. 추워." 눈도 못 뜨고 찡그린 채 엄마는 이 말을 반복했다. 구급차에 실려 병원과 병원을 오가며 병실을 잡는 동안 실외에 방치되어 있던 엄마는 입원 후 마음 놓고 앓아누웠다. 식사를 아예 하지 못해 수술 일정이 밀렸다. 엄마는 입원 사흘 차에 단감 몇 조각을 씹고서야 겨우 식욕을 찾았다.

"우리 딸밖에 없네."

엄마는 퍼석하게 웃었다. 당진에서 부여로 소풍을 갔던 열세 살 때도 버스 멀미로 앓아누워 학교를 일주일씩 빠졌다고 했었다. "하여튼 별난 사람이야" 말하니 유난한 엄마는 천진한 표정을 지었다.

아픈 몸은 난처했다. 엄마는 도저히 기저귀에는 변을 못 보겠다고 배가 빵빵해지도록 참았다. 소변은 의지에 반해 소변 줄을 타고 흘러나왔다. 잠들면 소변 주머니가 어김없이 차올라 새벽에도 주머니를 비워 줘야 했다. 아빠와 나는 돌아가며 엄마 병실을 지켰다. 덥수룩하게 기름진 머리로 침대에 누워 엄마는 머쓱하게 말했다. "머리에 뭐가 기어가는 거 같아." 시키는 대로 머리 여기저기를 벅벅 긁어 주었다 "아이고 시원해라." 엄마는 그제야 만족했다. 머리가 잔뜩 헝클어진 채 까슬하게 부어 자고 있는 엄마를 보면 아기 같고 안쓰러웠다. 엄마의 그 모습은 꼭 우리의 미래 같았다. 노인이 될 엄마는 아기처럼 의지하게 될 것이다.

신경정신과 환자가 되어 시작한 2020년이 척추 골절 환자의 보호자로 끝나 가고 있었다. 엄마의 척추 골절은 괴로운 한 해의 마무리로 손색없는 사건이었다.

가급적 술을 줄이되, 혹 술을 마시게 되더라도 약은 빼먹지 말라는 선생님의 말을 나는 반만 지켰다. 처음 적응장애 진단을 받은 주말에도 약부터 먹고 새벽까지 술을 마시고 통통 부어 있었다. 혼자 있고 싶다는데도 걱정이 된 아빠는 안산에서 서울까지 두 시간 가까이 지하철 여행을 하고 내 얼굴을 보고 갔다.

나는 훌쩍대며 입에서 나오는 대로 하소연했다. 냉장고까지 가는 것도 귀찮아하는 게으름뱅이 아빠가 딸내미 걱정된다고 멀리까지 와 준 게 고마웠다. "와 줘서 고마워" 하자 아빠는 "풀리지 않는 실타래는 없어"라고 했다. 아빠는 내가 고모처럼 될까 봐 걱정했다. 돌아가신 고모는 30대부터 조현 증세가 있었다. 잠을 못 자고, 계속 술을 먹고, 머리에 꽃을 꽂고 동네를 돌아다니던 게 증세의 시작이었다. 괴로워도 아주 망가지진 않겠다고 나는 다짐했다.

엄마는 어디서나 내 자랑을 했다.
"나 때문에 속상했던 적 있어?"

"너 교통사고 나서 입원했을 때랑 지금이랑 그렇지."

정신과를 다닌다고 하자 엄마는 무척 속상해하면서도 더 크게 잘못되기 전에 잘 결심했다고 격려했다. "내 딸 착한 건 내가 알아."

영화 〈벌새〉의 은희는 "내가 잘못한 거 아니야. 나 성격 안 나빠" 하면서 울부짖고 펄쩍 뛴다. 그 대사는 내가 하고 싶은 말이기도 했다. 엄마가 그렇게 말해 주자 내가 미련하게 버티며 증명하고 싶었던 게 뭔지 알게 되었다. 남이 나를 싫어하든 말든 나 자신만은 그런 말들에 속아 나를 미워하고 싶지 않았다. 고약하면 고약한 대로 나를 덜 미워하며 살고 싶었다.

엄마 고슴도치는 무조건 딸 고슴도치를 함함하다고 했다. 엄마가 사랑하는 나를 나 스스로도 믿고 싶었다. "내가 안다"는 엄마의 말이 나를 살렸다. 엄마는 나를 낳았고 또 몇 번이고 살린다.

일 확진자가 1000명을 넘나들며 코로나19 3차 웨이브가 시작되었다. 보호자 1인 외엔 병실에 머물 수 없어서 아빠와 나는 병원 후문 앞에서 출입증을 주고받으며 번갈아 병실을 지켰다. 병실에서 재택근무를 하고 병원 복도에서 거래처 전화를 받고 중간중간 엄마 심부름을 했다. 병원 보호자 침대는 좁고 허리가 아팠다. 그런데도 병실에서는 쉽게 잠들었다. 엄마가 곁에 있었다.

스물여섯 살 때 입사 3개월 만에 캐리어 하나만큼의 짐만 가지고 엉겁결에 독립한 뒤 엄마와 한집에서 사흘 이상 자 본 일이 없었다. 엄마와 한 공간에서 일주일을 보내는 건 10년 만에 처음이었다. 이제야 온전히 집 같았다.

1978년 영등포

"두근두근해."

> 엄마는 공중에 휘날리는 복사꽃 이파리가 좋아 그 순간 생에 감사했다. 천지가 이토록 고우니 인간으로 태어난 것은 얼마나 고마운 일인가.
>
> _ 김서령, 《외로운 사람끼리 배추적을 먹었다》, 푸른역사, 2019

할머니는 새벽 5시만 되면 엄마를 깨웠다.

"쥐 섬할 때까지 자고 있냐!"

처음 이 얘기를 들었을 때 귀를 의심했다. 할머니가 엄마한테 그렇게 심한 말을 하고 못되게 굴었다는 게 믿기지 않았다. "효선이 오나." 다정하게 내 이름을 불러 주는 할머니 목소리만 떠오를 뿐이다. 엄마가 말하는 할머니는 내가 아는 할머니와 다른 사람 같았다.

할머니도 보통 인생을 산 게 아니었다. 다음 배로 온다던 할머니의 엄마, 이석봉 여사와는 월남 후 다시 만나지 못했다. 거제수용소 생활을 거쳐 겨우 정착했는데 남편을 또 잃은 사람이었다. 분하고 억울한 할머니의 화를 받아 낼 수 있는 사람은 엄마뿐이었다. 도시로 유학 가느라 일찌감치 집에서 벗어난 이모는 할머니가 물이 꽉 찬 항아리 같았다고 회상했다. 꽉 찬 감정은 별안간 쏟아지고 넘쳤다. 제발 오늘은 안 그랬으면 하는 날도 여지없이 넘치고 말았다고. 쏟아진 물벼락을 맞고 선 사람은 우리 엄마다.

"두근두근해."

엄마는 지금도 간이 쥐콩만 하다. 누가 화를 내고 욕을 하면 심장 뛰는 게 멈추질 않는다고 그랬다. 놀라면 엄마는 조급해하면서 말이 빨라지고 실수를 한다. 엄마의 소녀 시절은 그렇게 지나갔다. 정을 주고 돌보던 검정개 곰이를 할머니가 이웃 남자들에게 팔아 버린 뒤엔 친구도 없었다. 시골집에 혼자 있으면 몹시 외로워서 화를 내는 할머니라도 빨리 돌아오길 바랐다.

할아버지가 돌아가신 후 상황은 점점 나빠졌다. 사람을

써서 농사를 지었는데, 고용인들이 과부인 할머니를 우습게 봐서 속이려 들었다. 돈을 떼이고 재산이 줄고 집으로 빚쟁이가 찾아왔다. 할머니는 이때의 경험 때문에 엄마의 이혼을 반대했다.

송악으로, 석문으로, 고대로 점점 깊은 산으로 이사를 했다. 엄마는 중학교에 가는 대신 산골 집에 혼자 남아 토끼와 닭과 강아지를 먹였다. 소 먹일 여물을 써느라 작두질을 하다 손가락을 썰 뻔한 적도 있었다. 아직도 손엔 베인 자국이 있다.

"서울은 언제 올라왔어?"
"열여덟? 주민등록증 나오자마자 왔지."
밭에 콩을 심고 버스를 타고 상경했다. "고모, 시골 있으면 뭐 해. 여기 와서 지내." 숙모가 권한 대로 엄마는 서울에서 조카도 돌보고 일을 알아보기로 했다.

엄마는 임시로 인형 공장에서 미싱사들의 '시다' 노릇을 하며 구직을 했다. 숙모네 가게에 신발을 사러 온 아가씨들이 소주 공장에서 사람을 뽑는다고 알려 줬다.

"고모, 소주 공장 들어가 봐."

방직 공장이 아닌 소주 공장으로 가게 된 건 엄마 키가 작기 때문이었다.

"방직 공작은 키가 작아서 안 된대. 기계에 딸려 들어간다고."

엄마는 무시무시한 말을 아무렇지도 않게 했다. 그런 사고가 실제로 벌어지던 시대였다. 물론 지금도 공장에서 사람이 죽는다. 빵 반죽 기계에 말려들어 죽고 제지 공장 기계에 끼여 죽는다. 안전설비 비용보다 사람 목숨이 싸서 공장들은 사람이 계속 죽도록 내버려둔다. 이런 세상에서 엄마가 아직 살아 있다는 건 요행이다.

엄마는 내가 술을 마시면 첫 직장인 소주 공장 얘기를 꺼냈다. 새벽 5시에 일어나 걸어서 출근해 지각도 결근도 없이 늘 그 자리를 지켰다. 근무는 고되고 뿌듯했다. 엄마는 월급을 통째로 할머니에게 드렸다.

여공들은 컨베이어 벨트 앞에 서서 불량 소주병을 골라내는 일을 했다. "겨울은 지랄 맞아." 유리병은 겨울이면 시리게 차가웠다. 손이 얼어 여공들은 자주 병을 놓쳤다. 소주 한 잔도 마시지 못하는 엄마는 병이 깨지면 삽시간에 퍼지는 알코올 냄새가 울렁거려 괴로웠다. 새벽 교대 근무일엔 잠을 참는 게 힘들었다. 잠 안 오는 약을 먹고 일하는 친구들도 있었다.

내가 자주 마시는 375㎖ 소주들이 돌아가는 라인은 '이홉들이'였다. 이 홉들이 라인은 병이 쉴 새 없이 쏟아져 나와 손이 빠른 사람들이 배치됐다. 손이 느린 엄마는 '사 홉들이'(720㎖) 라인에서 일했다.

엄마는 손이 야무진 직원은 아니었다. 식품 회사라 6개월마다 건강검진이 있었는데 서류에 자기 이름 춘실을 한자로 쓰지 못해 친구들이 대신 써 줄 정도였다. 기숙사 생활을 할 땐 끓는 물이 든 주전자를 들고 가다 엎어져 화상을 입기도 했다. 공장은 이천으로 옮겨 갈 예정이었다. 함께 이천으로 이동할 직원들 이름이 차차 게시판에 붙었다. 엄마 이름은 빠져 있었다. 엄마는 떠밀리듯 선을 보러 다니기 시작했다.

2021년 마포

"오춘실의 세상이네."

> **나는 오롯이 나의 생각만 하고 내가 하고 싶은 대로만 해도 되는 인간으로서 누구도 부럽지 않고 아무도 나를 귀찮게 하지 않는 그야말로 황금의 시기를 보내고 있다.**
>
> _ 이옥선, 《즐거운 어른》, 이야기장수, 2024

초등학교 2학년 때 당한 교통사고는 이후의 내 삶을 바꿔 놓았다. 골반과 대퇴부 뼈에 금이 갔고 장이 파열되었다. 차 사이에 끼었다가 공중을 향해 몸이 붕 뜨던, 죽음 직전에 갔던 그 느낌을 잊을 수가 없다. 후유증으로 3학년 여름방학에 종양 제거 수술을 받았다. 추가 후유증이 염려되니 결혼하기 전에 자궁 검사를 해야 한다는 진단을 받았을 때도 남

애기 같았다. 내가 살아남아 어른이 될 수도 있다는 게 믿기지 않았다.

입원하고 퇴원하고 재판도 하고 다시 입원하는 긴 시간 동안 나를 돌본 건 엄마였다. '나이롱환자'들의 장기 입원처였던 30년 전 공업도시 개인병원에서 나오는 식사는 형편없었다. 엄마는 집에서 병원까지 매일 찬합에 밥과 반찬을 싸서 날랐다. 여러 조각으로 부서졌던 나는 그 밥을 먹고 회복했다. 엄마의 제육볶음과 멸치볶음과 감자조림을 왜 이제야 기억해 냈을까. 지금의 나보다도 어렸던 엄마가 빙판길을 조심스럽게 걸어와서 보온도시락에 담아 온 밥을 펼쳐 놓던 순간이 30년이 지나서야 생각났다.

"그때 집에서 정형외과 오는 데 얼마나 걸렸어?" 물으니, 엄마는 "몰라, 로터리 돌아서 걸었으니까 한 20분?" 하고 어림짐작해 답할 뿐이다. 엄마는 쉼 없이 정성스럽게 노동했다. 엄마의 종종거림을 아빠가 기억하고 있다. "느이 엄마는 한번 일어나면 잘 때까지 누워 본 적이 없어."

엄마 눈에 들어오는 사람은 병원에서도 온통 일하는 여자뿐이었다. 코로나19 감염 경력이 있는 간병인이 면역 보유자로 높은 일당을 받던, 과학소설의 설정이 현실이 된 것 같은 시기였다. 면역이 없는 대부분의 간병인은 병원 밖으로 나갈 수가 없어 환자가 남긴 반찬으로 식사를 해결했다. 저 사람들은 어디서 잠을 자고, 무얼 먹고, 얼마를 받을까, 엄마는 골똘히 생각했다.

엄마에겐 남의 노동이 남의 일이 아니었다. 백화점 대리석 바닥을 보면 이만큼 깨끗하려면 청소 일이 얼마나 고될까 생각했고, 호텔에 묵을 땐 이렇게 넓은 방을 청소하려면 한 층에 두 명으론 부족하다며 청소할 계획을 세웠다. 엄마는 다른 사람이 잘 보지 않는 사람들을 봤다. 엄마 말에 귀를 열면 눈이 트였다. 내게도 엄마가 보는 풍경이 보였다.

팬데믹 동안 수영장은 두 번 영업을 멈췄다.

① 2020년 2월~7월
② 2020년 12월~2021년 1월

두 번째 영업 중지 기간에 드디어 수영할 결심을 한 엄마는 수영장이 다시 열리길 오매불망 기다렸다. 2021년 2월부터 수영을 시작한 엄마는 수영장이라는 공간에서도 청소 노동자를 가장 먼저 발견했다. 습기 찬 샤워장에서 마스크를 쓴 채 바닥 청소를 하던 할머니들의 움직임에 눈이 머물렀다.

"마스크 하고 청소하면 힘들어." 얼마나 습하고 답답한지 말하며 엄마는 숨 막히는 표정으로 얼굴을 찡그렸다. 엄마도 2020년 내내 지시대로 마스크를 착용하고 학교 청소를 했던 것이다. 배수구를 들어내고 머리카락을 긁어내야 깨끗해진다면서 엄마는 늘 청소법에 대해 일장 연설을 했다. "내가 하면 더 깨끗하게 하지. 난 안 하면 안 했지 대충은 안 해." 목소리에 자부심이 묻어났다.

수영장에 익숙해지는 동안 겨울에서 봄으로 계절이 바뀌었다. 영하 15도를 넘나들던 기온이 어느덧 영상 15도까지 치솟았다. "사람이 이렇게 간사한겨." 노란 히말라야 패딩에서 진달래빛 봄 코트로 외투를 갈아입고 엄마는 수영장을 향해 걸었다.

엄마에게 봄은 위험한 계절이다. 얼음이 녹기 시작하면 길이 미끄러워진다.

"길가 젖은 낙엽도 밟지 말어."

수영장 오가는 길을 아빠는 걱정했다. 그 말대로 미끄러지기라도 할까 손을 꼭 붙잡고 걸었다. 겨우내 비쩍 말라붙어 죽은 가지처럼 보이던 나뭇가지들도 통통하게 물이 오르기 시작했다. 개나리 나무에 아직 꽃이 피지 않았다. 시간이 가고 물이 차오르면 꽃이 피고 회복될 것을 의심하지 않는 우리가 걸었다.

자유수영 프로그램의 '자유'라는 말에 엄마는 매료되었다. 가는 시간도 자유, 오는 시간도 자유, 물속에서 할 수 있는 일도 자유다. 진짜 다 마음대로 하면 되는 거냐고 재차 물었다.

"맘대로 하셔."

"그럼 내 세상이네?"

"오춘실의 세상이네."

"내 세상이야!"

엄마는 수영장에서 하고 싶은 것만 했고 하기 싫은 건 하지 않았다. 자유수영 10회권을 끊고 수영장 친구들이 준 쿠폰을 더해, 가고 싶은 날에만 수영장을 갔다. 정년퇴직을 한 후 엄마는 시계를 보지 않았다. 자고 싶을 때까지 잤고 먹고 싶은 만큼 먹었다. 하고 싶은 일만 하면서도 시간이 잘만 갔다.

 수영장에 가는 날은 매주 화, 목, 토요일이었다. 평일인 화요일, 목요일엔 엄마는 아침부터 "몇 시에 퇴근해?" 하고 설레는 표정으로 물었다. 두 벌의 수영복과 두 개의 수경, 두 개의 수건을 민트색 수영 가방에 담아 현관 앞에 놓고 엄마는 내 퇴근만을 기다렸다. 산책만 기다리는 강아지처럼 엄마가 기다리고 있으니까 야근을 줄였다. 내일 일은 내일의 내게 맡기고 퇴근하는 기분이 싫지 않았다.

 일과를 마치고 돌아온 나는 시들시들해져 걸음도 느릿느릿하다. 아침부터 수영장 가는 일만 기다려 온 엄마는 체력이 충만해 따라가기 버거울 정도였다. 조그맣고 둥그런 엄마는 돌아가신 할머니 노순일 여사랑 똑 닮은 걸음걸이로 부지런히 물을 향해 걸었다. 구부정한 자세로 바쁘게 엉덩이를 흔들며 사라지는 엄마를 따라잡느라 발이 빨라졌다.

 골다공증으로 엄마는 실제로 작아졌다. 150cm이었다가 148cm가 된 엄마와 손을 잡으려면 이제 기억하는 것보다 몸을 더 수그려야 한다. 낮은 곳에서 나는 소리는 잘 들리지 않는다. "뭐라고?" 몇 번을 되물으며 하루 종일 쌓아 둔 엄마의 이야깃거리가 줄줄 흐르는 걸 듣다 보면 어느새 수영장 앞이다.

엄마랑 걸으면 항상 느려졌다. 목적지만 보고 경주마처럼 걷는 나와 엄마는 다른 사람이었다. 전동 킥보드며 페박스며 비둘기며 노상에 놓인 온갖 것들이 엄마를 멈춰 세웠다. 길가에서 자라는 꽃과 나무를 볼 때 엄마는 아낌없이 감동했다. 벽을 타고 오르는 덩굴식물에 고개가 한없이 젖혀졌고, 벽돌 사이 틈을 내고 기어이 뿌리 내린 들풀에 시선을 뺏겨 느닷없이 몸을 숙였다. 참나무와 오동나무와 뽕나무의 이파리가 다르게 생긴 것도 엄마에게 배웠다. 아직도 엄마에게 배울 게 많이 남아 있었다.

가끔은 강아지를 데리고 산책 나온 동네 사람들을 수영장 가는 길에 마주친다.

"엄마, 우리 꼭 저 사람들 같아."

나는 엄마에게 장난을 친다. 짧은 다리로 꼬리를 흔들며 걷는 강아지처럼 엄마는 걷는다. 엉덩이춤을 추며 익살을 부리면 까르르 퍼지는 웃음소리. 수영장은 이토록 산만한 엄마를 향해 활짝 열려 있다.

2021년 마포
"추워서 허리가 땡겨."

> **이 육중한 몸으로도 뒤틀린 채로도 조금씩 나아가고 싶어.**
>
> _ 김연덕, 〈미지근한 폭포〉《폭포 열기》, 문학과지성사, 2024

코로나19로 바뀐 세상에 적응해야 했다. 한 칸씩 옆자리를 비우고 샤워기를 사용했다. 플라스틱 마스크를 쓰고 레인을 걷는 사람들이 종종 보였다. 폐쇄된 사우나 앞에서 엄마는 서운해했다. 수영을 오래 하고 차가워진 몸을 사우나에서 데우며 수다 떨 때 얼마나 좋은지 나눌 수 없어 나도 서운했다. 임시로 열린 시설은 아직 한산하고 가라앉아 있었다. 조심스럽고 침울한 수영장에서 들뜬 건 모든 게 처음인 엄마뿐이었다.

모퉁이를 돌아 수영장 지붕만 봐도 엄마는 즐거워졌다. 입구 직원에게 열쇠를 받아 한 층을 내려가면 여자 탈의실 입구가 있다. 탈의실을 지나 샤워장을 지나 물결무늬 커튼을 떨치고 나가면 비로소 하늘빛 수영장이다.

〈센과 치히로의 행방불명〉에서 터널을 통과하면 다른 세상이 열리는 것처럼 샤워장 커튼을 통과하고 나면 하늘색으로 물이 찰랑이는 다른 세계가 마법처럼 펼쳐졌다. 여섯 개 레인 중 초심자 레인은 주중엔 오른쪽 맨 끝 1번, 주말엔 왼쪽 맨 끝 6번이었다. 반투명한 창문으로 수영장을 오가는 사람들의 움직임이 비쳤다. 비가 오는 날이면 우산을 쓰고 지나가는 사람들이 르네 마그리트의 그림처럼 창문에 어른거렸다.

엄마는 물이 시야에 들어오는 걸 무서워했다. 물을 등지고 조심스럽게 계단을 한 칸씩 밟아 엉금엉금 입수했다. "아 취취!" 생각보다 낮은 수온에 몸서리를 치면서도 늘 상쾌하게 웃었다. 물에 푹 잠기면 몸의 온도와 물의 온도가 맞춰진다. 그러면 엄마는 다른 사람이 된다.

존 치버의 단편 〈헤엄치는 사람〉에서 주인공 남자는 이웃집 저택의 수영장에서 다음 수영장으로 '지하수 물길이나 다름없는 수영장들의 물줄기'를 헤엄쳐 집으로 가기로 결정한다. 여정을 시작할 때 이 남자는 호선을 그리며 다이빙으로 입수한다. 실외 수영장 벽마다 붙은 계단을 이용해 엉금엉금 입수하는 것을 수치로 여기던 남자는 이 소설이 끝날 무렵엔 쇠약해져 어정쩡한 걸음으로 계단을 뒤뚱뒤뚱 밟으며 조심스럽게 입수한다. 나이 든 몸은 이제 두려움을 안다.

인생을 은유하는 듯한 이 여정이 엄마의 뒷모습을 볼 때 떠올랐다. 종아리 근육이 줄어든 가냘픈 다리만 봐도 엄마는 이제 노인에 가까워졌다. 엄마의 여정도 어느덧 결말에 가까워졌다. 새로운 걸 배워 새로운 사람이 되기에 딱 좋은 나이다.

엄마는 정각마다 하는 몸풀기 체조를 유난히 좋아했다. 50년 만에 처음 듣는 수업이다. 학생이 된 것처럼 한참 어린 선생님들이 하는 구호에 맞춰 부지런하게 몸을 실룩거린다. 목, 어깨, 팔, 손목, 허리, 허벅지 순서로 잘 돌아가지 않는 관절을 열심히 돌렸다. 벙긋벙긋 웃고 신기해하며 뚝딱뚝딱 목을 돌리느라 고개를 앞으로 숙이면 벌어진 입으로 물이 들어갈 것 같았다. 손바닥으로 입을 막아 주면 엄마는 또 웃었다.

다치고 낡고 굳은 몸은 유연하지 못하다. 수직으로도 수평으로도 움직이지 않는 어깨는 최대한 펴도 둥글게 말려 있다. 왼 손목을 위아래로 풀고 오른 손목을 위로 당길 차례에 방향이 헷갈려 엄마는 또 왼 손목을 당긴다. 목각인형처럼 삐걱대면서도 엄마는 "전보다 잘하지?" 하고 으스댄다. 주눅 들지 않는 건 엄마의 멋있는 점이다. 굳이 지적하는 대신 체조가 끝나면 오른쪽 손목을 한 번 더 당겼다. 단체로 하는 체조가 끝나면 어깨를 쥐고 팔을 돌려 주었다. 엄마의 뻣뻣한 몸이 삐그덕 돌아갔다.

엄마는 얼굴이 동그래서 나이보다 어려 보이는데도 지하철에서 자리 양보를 받았다. 뼈가 약해 구부정하게 선 자세는 영락없이 노약자 같았다. 나이가 든 엄마는 전보다 엉덩이를 내밀고 걸었다. 오리 궁둥이는 이석봉, 노순일, 오춘실, 김효선까지 4대째 내려오는 집안 내력이다. 엄마는 어깨가 둥글고 팔뚝이 말랑하지만 납작한 등에는 청소부 일을 하며 단련된 근육이 있다. 50리터 쓰레기봉투를 번쩍 들어 짊어지던 엄마는 판판한 등을 펴며 숨쉬기 운동을 했다.

물을 좋아하는 엄마는 샤워기 아래에서 이미 행복해진다. 엄마는 "추워서 허리가 땡겨" 하면서 아픈 허리를 뜨거운 물로 오래 씻었다. 그럴 때 엄마는 성스러운 물을 맞는 발리의 여행자 같았다. 띠르따 엠풀 사원에서 여행자들은 샘물이 흘러나오는 출수구 아래 서서 힌두의 신에게 기도를 했다. 젖을 용기가 없어 나는 그들처럼 몸을 담그지 못했다. 직사각형 수로에 나란히 서서 물을 맞는 사람들의 몰입과 자유를 부러운 눈으로 바라만 보았다.

엄마 허리 양쪽엔 두 개의 점으로 관절경을 삽입했던 자리가 남아 있다. 엄마는 수술 자국이 있는 위치를 되묻는다. "여기쯤이야?" 하며 매번 손상을 의식한 채 입수했다. "운동 열심히 하시고, 자주 걸으세요." 의사 선생님 말을 기억하며 위풍당당하게 걸었다.

이 수영장의 수심은 1.3m이다. 키가 작은 엄마는 턱까지 거의 잠겨 버린다. 수영장에서 서로 마주 보고 양손을 잡고 점프를 할 때 엄마는 반은 긴장하고 반은 설레는 표정으로 눈을 빛낸다. 요란하게 점프하다 튀는 물을 실수로 먹을까 입술이 실룩거린다. 기분이 좋아지면 입을 다물지 못해 기어이 물을 먹는다. 2번 레인의 고래들이 접영을 시작하면 물벼락이 쏟아진다. "아이!" 물이 튀면 기겁을 하면서도 와르르 쏟아지는 엄마의 웃음.

"엄마, 입 다물어. 물 들어간다!"

아무리 말해도 엄마는 또 입을 크게 벌리며 벙긋 웃고 또 물을 먹는다.

나는 2017년 처음 수영을 배웠다. 초급 레인인 6번, 중급 레인인 5번을 지나 4번 상급반 레인에서 수영하면서 수영장 친구가 하나둘 생겼다. 은희 언니, 이주 언니, 현선. 우리 넷은 수영을 마치고 편의점 간이 테이블에서 맥주며 우유를 마시며 각자의 회사를 욕하다 깔깔 웃었다. 그해 여름은 편의점에 있었다.

엄마와 수영장에 다니느라 상급반 꼬리 3번 레인에서 자유수영을 하는 1번 레인으로 옮겨 갔다. 맨 끝에서 엄마와 손을 잡고 있으면 3번 레인에서 친구들이 인사했다. "우리 엄마야!" 하면 엄마도 쑥스러워하며 손을 흔들었다. 친구들이 있는 곳이 원래 내가 있던 곳이었다.

"어머님 항상 웃고 계시다. 즐거우신가 봐."

웃는 얼굴이 보기 좋다고 친구들이 그랬다. 엄마는 그렇게 은근하게 수영장 물속에 녹아들었다.

엄마와 수영장에 다니기 몇 해 전 속초로 여름휴가를 갔었다. 다홍색 잔꽃무늬 민소매 원피스를 입고 엄마는 외옹치 해변을 향해 난 산책로를 걸었다. 나는 외옹치외옹치 발음해 보며 몇 발치 뒤에서 따라 걸었다. 엄마의 양 손목엔 골절 수술을 한 흔적이 남아 있다. 상처 입되 부서지지 않은 몸으로 엄마는 씩씩하게 모래사장을 향해 걸었다.

숙소 실외 수영장에서 엄마는 물에 발만 담근 채로도 좋아서 입을 다물지 못했다. 자칭 동네 저수지 물개였다는 아빠는 희한한 영법으로 수영을 했다. 아빠와 나는 수영장 끝에서 엄마 쪽으로 헤엄쳐서 갔다. 하늘은 푸르고 바다가 멀다. 수영을 할 줄 모르던 엄마는 자기는 괜찮으니 즐겁게 놀라고 했다. "같이 놀아." 아빠는 엄마와 손을 잡고 물속에서 점프를 했다. 물속에서 엄마는 자유로워 보였다. 아직 척추가 부러지기 전이었다.

"내가 접영 보여 줄게. 잘 봐 봐."

나는 열심히 양팔을 휘저었다.

"나비 같지?"

"돼지나비 같다."

엄마는 내 힘찬 팔이 만들어 낸 물살을 놀리며 신나서 깔깔댔다. 그 수영장에서 처음 엄마에게 물 잡는 기쁨을 알려 주고 싶다고 생각했었다.

치앙마이의 수영장에선 향 태우는 냄새가 났다. 하늘을 향해 누우면 햇살이 쏟아진다. 지붕 없는 수영장에 누워 하늘을 볼 때의 감각을 엄마도 알면 좋겠다.

팬데믹이 절정이었던 그해 봄 나는 물을 칠 줄 아는 엄마와 떠날 여름휴가를 상상했다. 따뜻하고 부드러운 물이 팔을 스치는 감각과 낯선 도시의 냄새에 대해 엄마와 이야기하고 싶다. 수영복 자국이 난 그을린 등을 접었다 펴며 팔을 뻗고 싶다.

2021년 마포

"처음 들어왔을 땐 여기가 뛰었어."

> 그러니 우선 자유부터 익혀야 해요
> 몸에 힘을 빼고
> 수박에 줄을 긋듯이
> 물속에선 마음껏 일그려져도 괜찮아
>
> _ 고명재, 〈자유형〉《우리가 키스할 때 눈을 감는 건》, 문학동네, 2022

한동안 엄마는 비슷한 순서로 훈련했다.

① 체온을 올리기 위해 나랑 양손을 마주 잡고 점프를 하며 레인을 한 바퀴 돈다.

② 목, 팔, 허리, 발목 등을 스트레칭하며 수다를 떤다.

③ 엄마 혼자 레인을 두어 바퀴 걷는다. 이때 나는 평영으로 엄마를 따라간다.

잠수하면 엄마의 종아리가 보였다. 겁이 많은 엄마는 까치발을 하고 파닥파닥 걸었다. 짧은 종아리는 거의 움직이지 않았다. 턱까지 잠긴 엄마는 하얀 수모만 동동 떠서 수모가 조종하는 인간 같다.

"물 이제 덜 무서워?"

"응. 처음 들어왔을 땐 여기가 뛰었어."

엄마는 가슴에 손을 대고 말했다. 엄마는 할머니를 닮아 눈동자 색이 연하다. 토끼 같은 갈색 눈동자가 반짝인다.

"요즘은 나 엄청 빠르게 걷지?"

엄마는 약간의 진전에도 금세 용기를 찾는다. 속도는 별로 달라지지 않았지만 "아이구, 어엄청 빠르네에" 하고 맞장구쳐 주었다. 이 정도 발전에도 의욕이 솟는 눈치다.

수영 초급반에선 보통 이런 순서로 자유형까지 진입한다.

① 수영장 벽을 잡고 발차기로 물장구

② 음파음파 숨쉬기

③ 킥판을 안고 물에 몸 띄우기

④ 킥판을 안고 호흡하지 않고 발차기 연습

⑤ 킥판에 손바닥을 얹고 걸어가며 호흡을 더해 팔 젓기

⑥ 킥판에 손바닥을 얹고 발차기하며 호흡을 더해 한팔 젓기

⑦ 킥판에 손바닥을 얹고 발차기하며 호흡을 더해 양팔 젓기

⑧ 킥판 없이 몸 띄우기와 발차기와 호흡과 팔 젓기를 조립해 대망의 자유형

엄마는 음파음파 숨쉬기에서 자유형을 포기했다.

여덟 살 때 이모와 손을 잡고 살얼음이 언 겨울 호수를 건너다 얼음이 깨져 빠진 적이 있다고 했다. 엄마는 물을 무서워했다. "하기 싫어." 물에 얼굴을 담그고 숨을 쉬는 게 싫다고 엄마는 고집을 피운다.

초급 수영 강습의 다음 단계인 발차기도 난관이었다. 수영장 벽을 잡고 몸을 띄운 채 하는 발차기는 할 수 있었다. 문제는 킥판 발차기였다. 킥판에 의지한 채 몸을 조금 띄우려고만 해도 물에 저항하느라 손가락에 힘이 들어갔다. "힘 빼면 그냥 뜨는 거야." "또 손가락에 힘 들어갔다." 아무리 말해도 소용없었다. 물이 눈에 보이면 지레 겁을 먹고 주먹

에 힘을 꽉 주었다.

엄마는 힘 빼기를 좀처럼 익히지 못했다. 삶에서 힘을 빼는 건 내가 가장 못하는 일이기도 하다. 킥판을 찢을 기세로 손끝에 힘을 주다 상체가 기울어져 뒤뚱거리는 엄마 몸은 꼭 내 몸 같았다. 고꾸라질 것처럼 중심을 잃고 나면 마음의 문도 철컥 닫혔다. 겁먹은 목소리로 훈련을 마무리했다.

"아이, 오늘은 안 할래."

엄마는 자유로운 사람이다. 자유수영이니까 하고 싶은 대로 하기로 한다.

"넌 수영 배우는 데 얼마나 걸렸어?"

나는 무엇이든 수월하게 배운다. 자유형까지 한 달, 배영까지 한 달, 평영과 접영까지도 두 달이 채 걸리지 않았다. 수영은 기록경기라 내 성미에 맞았다. 하루만큼 속도가 빨라지고 지속할 수 있는 바퀴 수가 늘면 스스로가 나아진다는 걸 숫자로 확인할 수 있었다. 이런 면에서도 엄마는 나와 달랐다. 엄마는 시계를 보지 않듯 숫자도 세지 않았다. 하루에 몇 미터를 운동하고 몇 바퀴를 돌았는지도 전혀 관심이 없었다.

"난 금방 했지."

"난 좀 느린 거지?"

"시간 많아. 20년은 더 해도 돼."

물에 뜨는 데 2주, 팔 돌리기를 하는 데 다시 한 달, 머릿속에 정해 둔 진도표를 지워 버린다. 수영장에서 만난 할머니들은 기본 20년은 헤엄친 분들이었다. 그들의 느긋함을 떠올리며 목표 없이 헤엄치기로 한다. 물이 무서워서 고개를 물속에 담글 수 없다면 안 담그면 된다. 엄마에게 한 말은 내가 한 다짐이기도 했다.

"시간 많아. 욕심 안 부려도 돼. 평생 하면 돼."

엄마는 배영부터 하게 될 것이다. 배영을 하면 겁을 무릅쓰고 물속에 얼굴을 담글 필요도 없고 음파음파 숨쉬기를 배우지 않아도 된다. 물에 떠올라 나아가고 있는 자신의 몸을 믿고 눈에 보이지 않는 건너편 끝을 향해 팔을 뻗는 힘이면 충분하다. 그 믿음으로 엄마는 틀림없이 나아갈 것이다.

1984년 안양

"좋으니까 살았겠지."

> 자기도 젊었을 때는 아무것도 할 줄
> 몰랐다고. 달걀도 못 부치고, 수프도 못
> 끓이고, 기저귀 하나 제대로 갈지 못했다고.
> 하지만 나중에
> 다 배우게 되었다고. 삶이 가르쳐 주었다고.
>
> _ 류드밀라 페트루솁스카야, 〈밀그롬〉《시간은 밤》, 김혜란 옮김, 문학동네, 2020

엄마의 삶에도 여름이 다가오고 있었다. 엄마는 이제 결혼 적령기 여자였다. 기숙사로 복귀하던 엄마를 쫓아온 처음 보는 남자는 주임에게 자기가 저 아가씨 애인이라고 거짓말을 했다. 당진에서 알던 어릴 적 친구가 엄마를 만나고 싶다고 외삼촌에게 부탁하기도 했다. 공장에선 주기적으로 여공들에게 성교육이라는 이름으로 순결 교육을 했다. 몸

버리면 신세를 망친다고. 임신해 회사를 그만두게 된 동료들에 대한 소문이 돌았다.

결혼하지 않는다는 선택지는 없었다. 엄마보다 앞서 이모의 결혼 날짜가 잡혔다. 여동생보다 빨리 결혼시키려고 외가에선 엄마의 맞선을 서둘렀다.

"결혼 하라니까 해야 되나 보다 하고 했지." 첫 번째로 만난 남자는 경기도에 사는 키가 큰 농부였다. 시어머니 자리가 여간 아니라는 말에 마음이 가지 않았다. 엄마는 두 번째로 만난 남자와 결혼을 결정했다. 당진 살 때 이웃이던 여자의 남동생이었는데, 그 여자가 똑똑하니까 남동생도 똑똑하려니 했단다. "내가 머리가 안 트였으니까 트인 남자 만나고 싶었어." 그 남자가 우리 아빠다.

경기도에서 농부의 아내가 되었을 평행우주의 엄마를 나는 자주 상상했다.

"엄마 그 사람하고 결혼했으면 고생 많이 안 했겠다. 돈 좀 있는 집이었다며."

"그래도 그쪽으로 갔으면 우리 딸 안 태어났을걸."

엄마가 그렇게 말하면 나는 언제나 같은 답을 한다.

"나 안 태어나도 되는데. 여유 있는 집 가서 편하게 살지."

엄마는 그럼 대답한다.

"우리 딸 없이 내가 어찌 살 거나."

초등학생 때 친구들이 장난으로 '생일 축하합니다' 노래 가사를 '왜 태어났니. 왜 태어났니. 얼굴도 못생긴 게 왜 태어났니'라고 바꿔 불렀다. 이 가사에 나는 지레 찔렸다. 내 생각에 나는 못생겼고, 왜 태어났는지도 모르겠으니까. 엄마가 이렇게 힘든데 나는 대체 왜 태어났을까?

"너네 아빠랑 결혼 안 했어도 네가 나왔을까?"

"엄마가 어디에 시집가도 나는 '날세!' 하고 나타나지."

엄마는 허튼 생각 하지 않고 세상에 단단하게 붙어 있을 수 있게 나를 꽉 잡아 주었다. 엄마와 나는 이유도 쓸모도 없이 단단히 맺어져 있다. 이 싱거운 대답에 엄마는 박수를 치며 즐거워했다.

고모는 군말 없고 성실한 엄마를 당진에서 눈여겨봐 놨다가 엄마와 자기 막냇동생을 중매했다. 두 사람은 1월에 처음 만나 6월에 결혼했다.

광명시 돌체다방에서 두 번째로 만나기로 한 날이었다. 아빠는 공장에서 선반 일을 하는 기술자였다. 평소엔 작업복을 입고 다니는 아빠는 데이트라 신경 써서 양복을 차려입었다. 한 시간이 지나도 엄마가 오지 않았다.

'딱 두 시간만 기다리다 가야지.'

아빠는 실망하면서도 하염없이 돌체다방에서 기다렸다. 성냥개비를 꺼내 탑을 쌓으며 텔레비전을 힐끗 봤다. 다방 난로 위에 놓인 주전자에선 엽차가 끓고 있다. 아빠는 전국노래자랑이 끝나면 일어서자고 다짐한다. 그리고 한참 늦게야 도착한 엄마. 날이 추워 거리는 온통 빙판길이었다. "버스가 막혔나?" 엄마는 늦은 이유도 가물가물해했다.

그날 엄마와 아빠가 만나지 못했다면 엄마는 좀 더 편하게 살지 않았을까? 엄마가 끝내 도착하지 않은 그 다방의 풍경을 나는 가끔 그려 보곤 했다. 마지막 성냥개비를 테이블 위에 던지고 열없이 일어나 휘적휘적 걸어 나가는, 덥수룩한 머리를 한 아빠의 뒷모습.

"아빠 어디가 좋았어?"
"냄새가 안 나서 좋았지."

비쩍 마르고 키가 작은, 얼굴에 흉이 진 아빠가 엄마는 뜻밖에도 싫지 않았다.

"아빠는? 엄마 어땠어?"

"이뻤지. 복스럽게 생겼지."

"처음엔 너네 아빠 나 별로 안 좋아했어. 미련탱이 같아서 나랑 결혼할 생각 별로 없었지 뭐."

엄마는 아빠에게 투덜댄다. 듣고 싶은 말이 나올 때까지 일부러 툴툴대는 게 엄마 말버릇이다. "왜 결혼했어?" 계속 물으면 엄마는 남 얘기처럼 대답한다. "좋으니까 살았겠지."

옛날 드라마에 팔각 성냥통이 나오면 아빠는 돌체다방 성냥 탑에 대해 얘기했다.

"탑이 무너지면 사랑이 이뤄지지 않는다고 해서 되게 조심조심 쌓았어."

"그때 벌써 엄마랑 결혼하고 싶었어?"

"그랬지. 엄마 지금도 예쁘지만 그땐 천사 같았지. 겨울이라 양 볼이 발갛게 되어서. 처음 봤을 때부터 예뻤어."

아빠는 숫기가 없고 무뚝뚝했지만 세심한 면이 있었다. 월급을 타면 누나에게 통째로 주는 점이나 외롭게 자란 것도 엄마와 비슷했다. 용돈이 없어 크림빵을 사 먹지 못하던 아빠와 버스비가 없어 걸어 다니던 엄마는 자신이 가진 옷 중 가장 좋은 옷을 꺼내 입고 나란히 걸었다. 엄마 생일에 아빠가 선물한 롤케이크를 들고 귀가했을 때, 할머니와 이모의 기뻐하는 얼굴을 보며 엄마는 뿌듯했다.

"케이크를 사 줘야 하는데 돈이 없어서 롤케이크를 샀지. 영화표 살 돈이 없는데 엄마한테 영화표 사 달라고 하면 도망갈까 봐 말을 못 했어."

그래서 둘은 계속 걸었다. 그 겨울의 눈 쌓인 거리를 나는 꼭 본 것만 같다.

엄마는 지금도 누워 있는 아빠를 보며 말하곤 한다. 눈도 이쁘고 코도 귀엽고 입술도 귀엽다고. "그럼 그냥 다 이쁘다는 거 아니야?" 되물으면 또 와르르 웃고 마는 엄마. 내가 사는 집으로 엄마가 아빠를 데리고 들어온 이후 가장 놀란 건 엄마가 그 많은 일을 겪고도 아직도 아빠를 좋아하고 있다는 사실이었다. 나는 그 사랑이 새삼스럽고 신기했다. 엄마의 그 많은 사랑은 대체 어디서 쏟아져 나오는 걸까. 엄마는 지나가는 말처럼 흘린다.

"나도 부모 사랑 못 받았고 저도 부모 사랑 못 받았으니 서로 불쌍하다 여기며 산 거지."

사랑은 발생한다. 물려받은 사랑이 없는 두 사람이 만나 나를 낳고, 배운 적 없는 사랑을 더듬더듬 매만지며 40년을 살았다.

엄마는 1984년 5월 1일에 사직서를 내고 같은 해 6월 3일에 결혼했다. 초여름인데도 날이 더웠다. 신부 측 손님에겐 갈비탕, 신랑 측 손님에겐 칼국수를 각각 대접했다.

"엄마는 부잣집 여자라 고깃국 내놨지."

아빠는 너스레를 떨었다. 더운 날 국수를 먹는 손님들을 보고 아빠는 부끄러웠다고 했다. 주례를 선 목사님은 아빠 이름을 김남수 대신 "김대수 군"으로 내내 잘못 불렀다. 까맣고 반질반질한 남자와 뽀얗고 통통한 여자가 나란히 서서 결혼사진을 찍었다.

둘은 무궁화호 기차를 타고 아빠가 태어난 곳인 부산으로 신혼여행을 갔다. 기차에는 대학생들이 함께 타고 있었는데 신혼부부의 얼굴을 그들이 유심히 보는 것 같았다. "안 어울렸나 봐." 엄마가 말했다. 둘은 태종대에서 유람선을 탔고, 바닷가에서 사진을 찍어 준다던 사진사한테 사기를 당했다.

"지금 생각하면 처음부터 그 카메라에 필름이 없었던 것 같아."

아빠는 요즘도 사기 친 사람을 탓하는 대신 순진하게 사기당한 스스로를 탓한다. 세상은 늘 아빠를 속였고, 아빠는 속고만 살아서 늘 누가 또 속이진 않나 과민하게 반응한다. 나중에 보내 준다던 사진은 끝내 도착하지 않았다.

부산국제영화제를 즐겨 찾던 시절, 태종대에 갔던 적이 있다. 계단은 바다까지 끝을 모르고 이어졌고, 좁게 난 길엔 나무 그림자가 무성하게 드리워져 있었다. 나뭇잎을 쨍하게 때리던 햇빛. 나는 그 바다를 함께 보고 있었을 가난한 부부를 종종 떠올린다. 엄마의 삶도 여름을 향해 갔다. 이제 진짜가 온다. 베토벤 소나타 17번 '템페스트'처럼 몰아치는 고난이 엄마를 기다리고 있다.

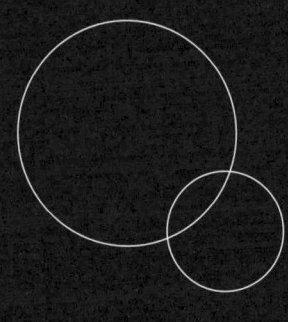

내게도 좋은 선배가 있었다.
앞서간 사람들을 뒤에서 보면서
그들의 영법을 배웠다.
잘했다고, 더 나아질 수 있을 거라고
응원해 준 사람들은
엄마이고 선배이고 언니인 여자들이었다.
그들 덕분에 회피해 온 인생을
맨정신으로 마주 볼 용기가 생겨났다.

오춘실의 여름

2021년 마포
"어디가 아프셔?"

> 울고 설운 일이 있는 여자들이 뚜벅뚜벅 걸어
> 들어가는 무한대의 바다가 있는 세상.
>
> _ 김금희, 《복자에게》, 문학동네, 2020

지나고 보니 운이 좋았다. 코로나19 팬데믹이 아니었다면 엄마는 수영에 익숙해지기 어려웠을 것이다. 대여섯 명이 한 레인을 쓰는 조용하고 한적한 수영장에서 엄마는 하고 싶은 대로 하고 한껏 헤맬 수 있었다.

엄마는 배영에 도전한다. 킥판을 안고 겁먹은 눈으로 벽을 보고 선다. 수경에 달린 형광연두색 귀마개로 귀를 막는

다. 박지원이 〈일야구도하기—夜九渡河記〉에서 깨달은 것처럼 무섭다는 감정은 마음의 문제인지라 안 보이고 안 들리면 확실히 덜 무섭다. 긴장하고 선 엄마의 무게중심을 흩트리면 엉겁결에 물에 뜬다. 발 뒤쪽을 살짝 쳐 주면 미끄러지듯 몸이 물 위로 둥실. 물에 뜬 엄마는 조금씩 발차기를 시작한다. 무릎을 세우고 종아리를 파닥대면 몸이 조금씩 수영장 저편을 향해 전진한다. 조금씩 틀림없이.

온 세상 사람이 나를 싫어하는 것 같다는 걱정에 빠져 있을 때다. 조직에서 나는 개 밥그릇의 도토리, 운동화 속 모래알이다. 사람이 많지 않은 초급 레인에서도 우리의 존재가 길을 막고 누군가를 방해할까 봐 자꾸 뒤를 돌아봤다. 겁쟁이인 엄마도 따라서 눈치를 봤다. 쭈뼛대는 엄마에게 너그러운 말이 쏟아졌다.

"사람들이 알아서 피해 갈 거예요. 신경 쓰지 말고 가고 싶은 대로 가세요."

"저도 다쳐서 여기 온 거라서 걸을 거예요. 같이 걸어요."

"편하게 하세요. 여기 다 비슷해요."

눈치 보는 사람을 배려하는 가볍고 너그러운 말과 함께

봄이 익어 갔다.

"나 많이 늘었다고 저 아줌마가 박수 쳐 줬어." 엄마도 칭찬 하나에 돌고래처럼 제자리 뛰기를 했다. 반백 년을 노동하느라 허리가 부러진 엄마도, 수면제 없이는 잠들지 못하는 나도 그렇게 나아지며 나아가고 있었다.

내가 답답한 만큼 당신도 답답할 것을 알기에 사람들은 서로의 어려움에 너그러워졌다. 거리두기를 하고 대화를 줄이며 사람들은 차분하게 수영했다. 우리는 함께 팬데믹을 겪는 동지들이었다.

사람들은 자기와 비슷해 보이는 사람들과만 친해졌다. 직장인인 나는 내 또래 직장인들과 대화했고 엄마 또래의 여자 어른들과는 교류가 없었다. 엄마와 묶음이 된 후로 이 경계가 흐려졌다. 아줌마들은 사우나에서 수다를 떨었고 할머니들은 걷기 레인에서 오리처럼 걸었다. "엄마한테 잘한다." "이런 딸 없다." 엄마랑 친해진 어른들이 좋은 말씀을 해 주셨다. 이런 말을 들으면 진짜로 좋은 사람이 되는 것 같았다.

"둘이 똑 닮았네."

"딸이죠?"

"딸이 효녀네."

10년을 떨어져 살다 다시 만난 엄마는 예전의 수줍고 무뚝뚝하던 그 여자가 아니었다. 엄마는 다른 엄마들과 금세 말을 섞었다. 서로의 이름과 나이는 잘 모르면서 어디가 아픈지, 아프게 되기까지 얼마나 힘들게 살았는지를 즐겁게 떠들었다. 유학 간 딸이 보고 싶다는 엄마, 아들네 쌍둥이 육아를 대신 하느라 뼈가 아픈 할머니, 남편이 먼저 가고 이제 해방 만난 아줌마. 엄마와 떠들던 사람들이 수영을 하러 떠나면 엄마는 방금 들은 사연을 재잘댔다.

아는 사람이 생기고 엄마는 덜 긴장했다. 어떤 때는 수영보다 수다를 더 즐기는 것 같았다. "좀 돌고 와." 엄마가 슬쩍 밀어 내면 수영장 한 바퀴를 왕복했다. 도착해 눈치를 보면 엄마가 "한 번 더 다녀와" 하고 눈으로 말했다. 아줌마들도 엄마 그만 신경 쓰고 네 운동을 하라고 응원해 주었다. 다섯 바퀴씩 계속 돌고 있으면 연못을 뱅뱅 도는 잉어가 된 것 같았다. 엄마와 친구들은 나를 구경하며 신나게 떠들었다.

"저 아줌마도 남편이 별로래."

벌거벗고 만난 여자들에겐 심리적 장벽이 없었다. 아줌

마들은 수영장 벽에 붙어 각자의 산전수전을 흘려보냈다. 억세게 고생한 얘기들을 와글와글 풀어놓으며 찰박찰박 물속에서 몸을 풀었다. 한 아줌마의 무릎 수술 자국을 보고 엄마는 자연스럽게 말을 붙였다. "나도 허리를 두 번 수술했으니까." 아픈 거라면 엄마도 일가견이 있다.

"어디가 아프셔?" 이 물음은 나이 든 여자들 세계의 인사였다. 엄마는 "말 말아요. 여섯 번 칼 댔으니까" 하며 몸에 그어진 흉터를 하나씩 꼽았다. 많이 다쳐 본 엄마는 다리를 절고, 팔을 굽히지 못하고, 배에 흉이 진 여자들의 상처에 공감했다.

엄마의 친구들은 어느 시간대가 가장 한산한지, 수영장 벽을 짚고 어떻게 발차기를 해야 좋은지, 허리를 이렇게 돌리면 얼마나 시원한지에 대해 공유한다. 엄마는 수영장에 들어서자마자 아는 얼굴이 있나 눈동자를 움직였다. 눈이 마주치면 와르르 웃으며 또 내게 손짓했다.

"너 좀 돌고 와."

엄마는 내 상급반 친구들 은희, 이주, 현선과도 시나브로 친구가 됐다. 세 친구가 상급반에서 내내 뺑뺑이를 도는 동안 나는 초급 레인에서 엄마와 손을 마주 잡고 놀았다.

유독 지치는 목요일 밤이었다. 강습 전 한가롭게 점프를 즐기는 우리를 발견한 현선이 레인 네 개를 가로질러 상급 레인에서 초급 레인으로 놀러 왔다.

"저도 같이 뛰어요."

현선이 한 손으로는 내 손을, 한 손으로는 엄마 손을 잡고 제자리 뛰기를 했다. 우리는 셋이 되어 동그랗게 뛰기 시작했다. 조금 늦게 수영장에 도달한 이주 언니가 합류했다. "같이 뛰어요." 넷이 손을 잡고 점프, 점프. 어쩐지 웃음이 멈추질 않는다. 강강술래 같고 단옷날 그네뛰기 같다. 수영장의 하늘색 물빛처럼 웃음소리가 청량하게 부스러졌다. 다음엔 같이 뛰자고 은희 언니가 함께하지 못한 것을 아쉬워했다.

"이번 주엔 지금 제일 크게 웃었네."

내게도 너무 힘든 한 주였다. 맞아, 맞아. 다들 고개를 끄덕였다. 엄마가 제일 크게 웃고 있었다.

수영의 아름다운 점은 '시나브로'에 있다. 하루하루의 수련이 엄청난 변화를 만들어 내진 못하지만, 일주일이 지나고 한 달이 지나면 틀림없이 아주 사소한 무엇이라도 어제

보다는 더 나아져 있다. 물에 제대로 뜨지 못하는 엄마 역시 그렇다. 엄마는 수영에 관해서라면, 모르는 사이에 조금씩 어제보다 더 나은 사람이 되고 있다.

2021년 마포
"요즘은 수영하는 게 제일 즐거와."

> 그러나 물속에서는
>
> 밖에서의 규칙들을 잊어버려도 좋아요
>
> _ 주민현, 〈오리들의 합창〉《킬트, 그리고 킬트》, 문학동네, 2020

"요즘은 수영하는 게 제일 즐거와."

엄마가 이모와 통화를 하며 즐거운 목소리로 말했다. 엄마는 노래하듯 지저귀듯 종알댔다.

수영장에 가다 만난 산책 중인 강아지에게 엄마는 왕왕 소리를 내며 강아지 말로 말을 걸었다. 무표정한 얼굴로 신호가 바뀌기만 기다리고 있는 사람들의 도시적인 얼굴에 색이 번진다. 제게 말을 거는 관중이 반가운 강아지가 형광분홍빛 꼬리를 흔든다. "몇 살이에요? 총각이에요?" 엄마는 강아지조차 나이와 성별로 이해한다. 짧은 대화 끝에 할머니가 강아지 자랑을 했다.

"우리 강아지는 〈세상에 이런 일이〉에 나왔어요."

스케이트보드를 탈 줄 아는 강아지로 방송에 나온 유명한 강아지란다. "몰라, 방송국 사람들이 지나가다 우리 개를 봤나 봐." 강아지 업적을 자랑할 수 있어 할머니도 흡족한 표정이다. 간장 파는 할머니한테도 우리 딸은 서울대 나왔다고 자랑하는 엄마랑 비슷한 표정이다. 엄마가 그럴 때마다 망측해서 모르는 사람인 척하고 싶었다. 그 마음이 저런 거였구나, 알 것 같았다.

강아지는 마포로 가느라 사거리에서 직진이다. 마포대교 가는 길에선 항상 여의도 강바람이 불어온다. 스케이트보드를 탈 줄 아는 씩씩한 강아지는 바람을 향해 용맹하게 걷는다. 엄마와 함께여야 가능한 풍경이 지나간다.

2021년 초여름, 엄마는 서울 시민이 되었다. 내 집으로 이사를 하고 정식으로 수영장 회원으로 등록했다. 센터에서는 백신 접종 증명서를 가져가면 회원카드에 접종 완료 스티커를 붙여 주었다. 수영장엔 익숙한 얼굴들이 하나둘 돌아오기 시작했다. 바이러스와 함께 살아야 한다는 현실에 체념하듯 익숙해지고 있었다.

2021년의 여름은 전년보다 확실히 더웠다. 2020년 서울시 열대야는 13일이었고 2021년엔 21일이었다(2022년 24일, 2023년 25일, 2024년 45일로 이 수치는 해마다 심각해진다). 다 저녁때 수영장을 가도 달궈진 아스팔트가 토해 내는 더운 기운이 발바닥에 느껴질 정도였다. 엄마는 더위도 반겼다. 볕이 뜨거워야 곡식이 잘 익는다고.

"이렇게 더운 날 물에 들어가면 얼마나 즐겁게."

엄마는 수영장 라운지에서 흘러나오는 아이유, 조정석, 오마이걸의 목소리를 들으며 엉덩이춤을 췄다. "왜 또 신이 났어?" 물으면 "좋잖어" 했다. 집에 돌아가는 길에도 내가 아무 노래나 개사해 부르면("꼬부랑 오춘실이 꼬부랑 고갯길을 꼬부랑 꼬부랑" 같은 노래) 피리 소리를 들은 코브라처럼 몸을 배배 꼬며 실룩거렸다. 엄마는 기분 좋아지는 일의 권위자다.

현재를 사는 엄마는 수영장 가는 길에도 즉흥적으로 당

장 기분 좋은 일을 했다. 길가에 떨어진 쓰레기를 보면 주웠고 갈라진 벽 틈새로 기어이 싹을 틔운 민들레를 보느라 멈췄다. 좋은 걸 보려고 두리번대는 엄마는 정작 발밑은 못 봐 자주 휘청거렸다.

"왜 앞을 안 보는 거야?"

"멋있잖어."

엄마는 또 딴청이다.

"하여튼 엄마랑 걸으면 느려."

"콤파스가 짧아서 그렇잖여."

"남들 열 걸음이면 갈 것을 혼자만 더 걸어야 하니 사는 게 얼마나 힘들었수. 고생하셨어."

엎어지고 두리번대면서 엄마는 겨우 정년퇴직이라는 목적지까지 왔다.

엄마는 엉금엉금 부지런히 수영장에 도착했다. 옷을 갈아입을 때도 손은 부산스러운데 행동은 느리다. 여러 개의 옷을 겹쳐 입어 수영복으로 갈아입는 데도 한세월이다. 티셔츠 하나에 바지 하나가 다인 나는 금세 탈의하고 기다린다.

본격적으로 배영을 연습했다. 엄마의 수영은 엄마 자신처럼 예측 불허였다. 이만하면 이제 늘었구나, 안심하면 제자리였고 이건 익히기 어렵겠구나, 생각하면 쑥 늘어 있었다.

엄마는 수영 선배들인 할머니들에게 "수영 얼마나 하셨어요?" 잘 물어보고 다녔다. 할머니들의 시간 단위는 기본이 10년이다. 몇 달 경력으로 조급해하는 엄마는 댈 것도 아니었다.

"저 할머니는 30년 했대. 수영 제대로 하는 데 10년 넘게 걸렸다네."

"그러니까. 엄마도 천천히 하셔. 평생 할 건데 뭐."

엄마는 60대 초반에 수영을 시작했으니 평균 수명대로 산다면 최소 20년은 헤엄칠 수 있다. 그러니 적어도 저 할머니 정도는 할 수 있을 거라고 엄마에게 용기를 줬다. 말은 넉넉하게 하면서도 실은 좀처럼 늘지 않아 조바심이 났다.

교통사고 이후 나는 반에서 가장 뚱뚱한 애가 됐다. 달리기도 느리고 움직임도 둔한 나 같은 사람도 운동을 좋아할 수 있다는 건 성인이 된 후에 알았다. 굵은 허벅지는 킥판 발차기에 맞춤이었다. 나는 인내심과 지구력과 회복력이 좋았다. 모두 엄마에게 물려받은 것들이다.

아침에 10km를 달리고도 저녁에 또 1km를 헤엄칠 수 있던 내가 좋았다. 이렇게 숫자를 너무 좋아하다 탈이 났다. 머릿속 진도표는 지우기로 한다. 엄마에게 중요한 건 지금 이 한 스트로크를 즐겁게 하는 것. 엄마는 목적 없이 꼬불꼬불 결승점을 향해 나아갔다.

1985년 안양

"내가 좋아서 선택한 거니까 쪽이 못 난 거야."

> 만약 내가 그 자리에 있었다면 그녀에게 이렇게 말해 주었을 것이다. 일단 진정하고 마음을 가라앉히라고. 그리고 더 이상 아무 생각도 하지 말라고. 그 순간의 두려움과 죄책감만 이겨 내면 이후 당신이 오래도록 겪게 될 일을 겪지 않아도 될 거라고.
>
> _ 정영수, 〈두 사람의 세계〉《내일의 연인들》, 문학동네, 2020

엄마는 인천에서 신혼살림을 시작했다. 바로 아기가 생겼다. 임신 초반의 짧은 나날은 엄마 삶에서 드물게 흡족한 시절이었다. 직장 생활을 하는 대신 가정주부로 지내고 싶었던 20대 여자는 드디어 바라던 대로 한가해졌다. 공장 일을 하러 간 남편이 퇴근하길 기다리며 청소를 하고 생무를 깎아 먹고 낮잠을 잤다. 메리야스를 새하얗게 삶아 널어 두

먼 금세 노랗게 먼지가 앉았다. 가까운 공장에서 날아온 먼지 때문이라고 남편이 알려 주었다. 인천에서 그 여자의 고민은 노래진 흰옷 정도였다. 남편이 돌아올 시간에 맞추어 연탄불로 씻을 물을 데웠다. 당시로선 이후에 벌어질 일을 짐작할 수 없었다.

남편 직장 때문에 따라간 안양에서 맵고 신 진짜 삶이 시작된다. 이미 안양에 자리를 잡은 남편의 친구들, 공장 직원이거나 택시 기사거나 당구장 종업원인 남자들이 모여 도박판을 쏘다녔다. 내기 당구, 포커, 경마를 오가며 남편이 홀려 있는 동안 여자는 임신한 몸으로 밤새 오지 않는 남편을 단칸방에서 기다린다. 남편은 회사를 자주 그만뒀고, 여자는 다음 달 월급이 들어올 때가 되어서야 그 사실을 알 수 있었다. 여자는 가난했지만 부끄러울 것 없는 집안에서 자랐다. 말수가 적은 결혼 전의 남편과 지금의 남편은 다른 사람이었다. 여자는 이런 상황에 놓인 스스로가 창피했다.

장롱부터 반짇고리까지 번듯한 혼수로 채워 둔 집에서 여자는 홀로 어리둥절했다. 여자는 어렸고 앞으로의 일을 알지 못했다. 남편은 오래지 않아 혼수로 받은 시계마저 전당포에 맡겨 도박을 한다. 아이가 태어나면 달라지겠지, 이

번이 마지막이라고 하니 정말이겠지, 여자는 남편의 좋은 면을 믿어 보기로 한다. 섬세하게 잔정이 많은 것도, 눈이 뒤집어져 거짓말을 하는 것도 모두 남편이다. 한 번만 더 믿어 보기로 하면 시간이 흐르고 40년 동안 같은 말을 듣게 될 것을 그때 그 여자는 알지 못한다.

돈이 없어서 엄마는 임신 기간 중 딱 세 번 산부인과 진료를 받았다.

"임신 확인할 때, 애기집 보려고, 낳을 때, 그렇게 세 번 갔지. 그때도 다른 임산부는 한 달에 한 번은 갔는데."

기본 검진도 받지 않고 엄마는 나를 낳았다. 내가 태어나자마자 할머니는 손가락 발가락 개수부터 세어 봤다. 친척 중에 육손이가 있었기 때문이다. 당장 아빠도 얼굴에 흉이 있었다. 이목구비가 제자리에 달려 있는 것에 할머니는 안도했다.

엄마는 몸조리도 제대로 하지 못했다. 퇴원하자마자 아침밥을 지어야 했다. 몸조리를 도우려 집에 와 있던 할머니는 일찍 일어나라고 산모인 딸에게 소리를 질렀다. 엄마는 퇴원하자마자 밥을 하고 집안일을 했다. 4월 초라도 아침저

녁으론 추웠다. 산후조리원이라는 것이 생겨난 후 엄마는 부러운 듯 말했다. "몸조리를 못 해서 나는 뼈마디가 쑤셔."

아빠는 자꾸 회사를 그만뒀다. 급한 사정을 꾸며 내어 월급을 가불하는 식으로 돈 문제를 계속 일으켰고 작은 갈등도 쉽게 넘기질 못했다. 선반공인 아빠는 기술이 좋았다. 도면을 정확하게 읽었고 작업을 꼼꼼하게 했다. 아빠는 아직 자신에게 기회가 많다고 생각했다. 기술이 좋으니 얼마든지 다른 공장을 구하면 된다. 오늘은 잃었지만 다음 판에 크게 따면 된다.

출근해야 하는 사람이 팩 돌아누워 앞으로 일을 안 간다고 뻗대면 엄마로선 미치고 팔짝 뛸 노릇이었다. 남편의 결근이 길어지면 딸은 경기를 일으켰다. "뭘 알고 그랬나 봐." 엄마는 신기해하며 말했다. 새 일자리를 구해 남편이 출근하면 딸은 거짓말처럼 괜찮아져서 생글생글 웃었다.

당장 하루 먹을 게 없었다. 처지와 상황을 받아들인 후 엄마는 주변의 도움으로 스스로를 구한다. 할머니, 집안 식구들, 동네 이웃, 교회에서 엄마를 도와줬다. 부끄러워도 친정에 돈을 빌리러 갔고 다니던 교회에서 쌀을 얻어 와 밥을 지었다. 동네 여자들이 부업 일을 연결해 주고 자기 몫의 일

감을 나눠 주었다. 엄마는 동네 어귀 평상에 여자들 여럿과 모여 앉아 플라스틱 빨대를 철사에 끼우는 단순노동을 했다. 나는 주변에서 뛰어다니며 까르르 웃는다.

여자들의 자식들은 그 근처에서 뛰어놀았다. 친구가 장난을 치다 내 얼굴을 긁어 흉이 졌다. "애 잡는다!" 애 다치는 것도 못 봤다고 할머니는 엄마를 혼냈다. 제 앞가림 못 하는 딸은 늘 할머니의 걱정거리였다. 엄마는 혼내면 혼내는 대로 변명하지 않고 묵묵히 살았다. 엄마는 자주 이렇게 말했다.

"내가 좋아서 선택한 거니까 쪽이 못 난 거야."

1985년 안양
"우리 딸은 아버지 없이 키우고 싶지 않았지."

> 우리의 유년기는 폭력으로 가득했다.
> 집에서나 밖에서나 매일매일 별의별 일들이
> 일어났지만 그렇다고 우리의 인생이 특별하게
> 기구하다고 생각해 본 적은 없다. 인생이란
> 원래 그런 것이고 어쩔 수 없으니까. 우리는
> 타인의 인생을 힘들게 할 숙명을 타고
> 태어났고 타인들도 우리 인생을 힘겹게 할
> 숙명을 타고 태어났다.
>
> _ 엘레나 페란테, 《나의 눈부신 친구》, 김지우
> 옮김, 한길사, 2016

 덕천마을 개천가에 사는 여자들은 처지가 고만고만했다. 각자 자기 몫의 하소연을 풀어 두면 서럽지 않은 사람이 없어서 사는 게 다 이런 거구나 하고 엄마도 살았다. 한국마사회의 사택인 준마아파트가 덕천마을에 있었다. 작은 아파트 단지에 경마장으로 통근하는 기수의 가족들이 모여 살았다. 기수는 키 168cm 이하, 체중 49kg 이하 남자만 지원할 수 있었다. 유독 몸집이 작은 준마아파트 남자들은 자기보다도 작은 여자들과 살았다. 아파트 입구로 들어가는 작은 여자들을 보면 엄마는 경마장이 떠올라 부아가 났다.

가계는 계속 미끄러졌다. 전세로 시작해 금세 월세살이로 떨어졌다. 보증금은 줄고 월세는 올랐다. 안양 7동에서 안양 6동을 오가며 비슷비슷하되 결코 좋아지지는 않는 단칸방으로 여러 번 이사했다.

지하방에 산 적이 있었다. 이사 가자마자 온 가족이 잔병치레를 했다. 습기를 먹은 장롱은 문이 닫히지 않았다. 살아본 집 중 손에 꼽게 넓은 집이라 철모르고 뛰어다니던 즐거운 추억만 갖고 있던 내게 어른이 되어 알게 된 그 집의 실체는 충격이었다. 동화책에 나오는 그리스 신전의 기둥 같았던, 집을 관통하는 커다란 관은 하수구였다. 엄마는 두툼한 회색 기둥을 흐르는 물소리를 기억했다.

"거긴 반지하도 아니야. 창문도 없는 지하라 빛이 하나도 안 들었잖아. 너도 아프고 해서 빨리 이사했지."

"그런 집에 사람 살게 해선 안 되는 거 아니야?"

물정 모르는 내 바른말에 엄마는 웃기만 했다. 우리는 선택권이 없었다.

나는 아무것도 모른 채 쑥쑥 자랐다. 우리 집이 다른 집보다 가난하다는 것도 몰랐고 개천가 너머 얼핏 보이는 아파트에 사는 사람들은 우리와 다른 세상을 산다는 것도 몰랐다. 내가 왜 계절마다 아픈지도 몰랐고 다른 집 아빠들은 그렇게 자주 회사를 그만두지 않는다는 것도 몰랐다.

나는 세상이 재밌었고 궁금한 게 많았다. 엄마 손을 붙잡고 시장에 갈 때 창공의 비행기를 보면 "엄마 저건 뭐야?" 하고 물어봤다. 그토록 피로하고 절망적이었으면서도 엄마는 단 한 번도 시끄럽다거나 그만 말하라거나 윽박지르지 않고 무수한 질문에 다 답을 해 주었다. 엄마 덕분에 나는 무사히 호기심 많은 어린이가 됐다.

우리가 살던 덕천마을은 이제 완전히 다른 곳이 되었다. 현금으로 받은 쌀을 엄마에게 나눠 주던 교회도, 문턱이 높은 단칸방도 이제 그곳에 없다. 2015년경 덕천마을을 재개발해 그 자리에 세운 래미안 안양 메가트리아는 세대 수가 4천이 넘는 대단지 아파트로 부동산 광풍이 절정에 달했던 2021년 당시 $79m^2$ 아파트 한 채가 8억 5천만 원에 거래됐다.

빈민촌에 살던 철거민들은 마지막까지 철거반에게 맞섰다. 옛 도시 모습을 기록하는 유튜브 채널 '시간 여행자(Time traveler)'에서 80년대 안양 풍경을 볼 수 있었다. 지금은 평촌 '먹자골목'이 된 판자촌에서 싸우던 1990년대의 주민들은 그 와중에 '장하다! 철거민의 아들 오○○ 서울대 합격'이라고 적어 축하 현수막을 걸었다. 2005년에 나는 평촌 귀인중학교에 다니는 학생의 과외를 맡아 일주일에 두 번 평촌에 갔다.

채광과 뷰를 고려하지 않고 마구잡이로 지어진 집들은 지붕을 맞대고 있었다. 좁은 틈으로 햇볕이 쏟아졌고 내복 차림의 아이들은 부업을 하는 엄마들이 지켜보는 골목길에서 뛰어놀았다. 그 사람들은 다 어디로 갔을까. 덕천마을이 철거될 때까지 그곳에 남아 있던 사람들도 있었을까. 마지막까지 그곳에 남아 있던 사람 중 엄마가 아는 사람도 있을까. 엄마는 부업을 소개해 준 지혜 엄마가 보고 싶다고, 인연이 닿아 그를 찾을 수 있으면 좋겠다고 이따금 말했다.

엄마의 고난은 끝날 줄을 몰랐다. 월요일에, 다음 주에, 내년에, 이제 마음잡고 새사람이 되겠다는 아빠의 약속은 지켜지지 않았다.

"애가 빨리 안 생겼으면 진즉에 쪽이 났겠지."

내가 다섯 살이나 됐을까. 평소처럼 직장을 그만두고 집안에 꽉 틀어박힌 아빠와 이제는 정말 쪽 낼 각오로 엄마는 친정으로 갔다. 친정 식구들의 응원에도 엄마는 하루 만에 마음을 돌려 집으로 돌아온다. 어린 딸이 마음에 걸렸다.

얄미운 남편은 방 한가운데에서 이불을 덮고 편히 누워 자고 있고 딸은 문지방에 쭈그리고 누워 있는 꼴이 가관이었다. 물려받은 홑겹 내복만 입고 잠든 딸의 꼴을 보고 엄마는 '에그, 내가 쪽을 내면 이렇게 천덕꾸러기로 살겠구나' 싶었단다.

"나도 아버지 없이 자랐으니까 우리 딸은 아버지 없이 키우고 싶지 않았지."

입덧이 심해 엄마는 임신 기간에 나를 포기하고 싶었다. 아빠는 그런 엄마를 달래 나를 이 세상에 태어나게 했다. 엄마는 지금도 "네가 빨리 안 생겼으면 너네 아빠랑 안 살았겠지?" 하며 중얼거렸다. 엄마가 이런 말을 하면 나는 실수로 태어난 것만 같았다.

"목사님, 이혼은 죄죠?"

엄마가 다니는 교회의 목사님이 엄마에게 이혼이 죄라고 가르쳐 줬다. 이혼은 살인이나 진배없다는 가르침에 엄마는 이혼을 포기했다. 나는 열두 살 때부터 교회에 나가지 않았다. 엄마한테 그런 말을 해 주는 게 신이라면 믿고 싶지 않았다.

어쨌든 마음 약한 엄마는 다시 우리에게 돌아왔고 나는 엄마의 보살핌을 먹고 씩씩하게 자란다. 한글과 구구단을 배울 즈음 우리는 먼 훗날 필연적으로 쫓겨나게 되었을 안양을 미리 떠났다.

반월공업단지는 1978년 개발장려지구로 지정되었다. 1986년엔 반월로 불리던 공업지대 일대가 안산시로 승격되었다. 국가에서는 세제 혜택을 주어 공장들이 공업단지로 이사하도록 독려한다. 먼저 자리 잡은 친척들이 안산으로 이사하라고 권했다. 안산엔 일자리가 많았고 안양보다 경마장과 멀었다. 내가 여섯 살이던 1990년 부모님은 안산으로 이사를 결정한다.

아빠 무릎에 앉아 1톤 트럭을 타고 도착한 곳은 원곡동의 한 다세대주택 단칸방이었다. 날림으로 지은 집은 수평이 맞지 않아 연필을 바닥에 놓으면 도르르 굴렀다. 부엌 시멘트가 갈라진 틈으로 지렁이가 나와 기어다녔는데, 나는 웅진출판사 자연 전집에서 본 지렁이가 우리 집에 있다는 것이 신기해 넋을 놓고 구경했다. 엄마는 새벽마다 일어나 연탄을 갈았다. 엄마가 잠이 없는 사람이라 잘 일어나는 걸로 알 정도로 나는 철이 없었다.

디근자 모양으로 된 2층짜리 다세대주택 건물의 1층 방 하나를 빌려 5년을 살았다. 집에 화장실이 없어 건물 외부에 하나 있는 공용 화장실을 1층 사람들이 같이 썼다. 허름한 집엔 대개 허름한 사정을 지닌 사람들이 살았다. 화장실 청소는 돌아가며 하기로 정해져 있었는데도 결국 꾀부릴 줄 모르고 만만한 젊은 여자, 엄마 몫이 되곤 했다.

토사물로 엉망인 화장실을 엄마가 치워야 한다는 게 분했다. 온갖 악취가 섞여 화장실 상태는 항상 고약했다. 범인은 대체로 화장실과 가장 가까운 문간방에 사는 알코올 중독자 호씨 아저씨였다. 나는 그 아저씨를 진심으로 미워했다. 더럽히는 건 남자고 치우는 건 여자다. 내가 처음으로 또렷하게 인식한 세상의 구조였다.

"호씨 아저씨는 삼청교육대에 다녀왔다더라."

엄마는 어느 날엔가 전두환의 악행을 다루는 역사 다큐멘터리를 보며 스치듯 말했다. 내 눈에 비로소 들어온 작은 구조를 넘어서는 큰 구조를 엄마는 알고 있었던 것 같다. 매일 술을 먹고 고함을 지르고 공용으로 쓰는 재래식 화장실에 토를 하면서 청소도 안 하는 사람에게도 다 사연이 있다는 것.

"상부하고 사는 거지 뭐."

매번 이치를 따져 묻고 화를 내는 내게 엄마는 가볍게 말하고는 다시 연탄을 갈러 갔다. 엄마는 상부상조를 항상 상부라고 줄여 말했고, 딱 그 말처럼 살았다. 나서서 도왔고, 되돌려 받는 걸 신경 쓰지 않고 바로 다른 일을 했다. 호씨 아저씨에겐 도움을 돌려받지 못했지만 지혜 엄마며 영목 할머니에겐 도움을 받았다. 엄마는 이런 거대한 순환의 섭리를 이미 체득하고 있었던 것이다.

나는 화를 잘 내는 어린이로 무럭무럭 자라났다. 돌이켜 보면 내 화가 시작된 곳은 원곡동의 그 공용 화장실이었던 것 같다. 엄마의 고통이 어린아이인 내 눈에도 보였다. 나를 낳지 않았다면 엄마의 것이 아니었을 그 고통을 보면 화가 났다. 나는 엄마를 대신해 정확하게 화를 내는 사람이 되고 싶었다.

2022년 마포

"그거 하기 싫여."

> 수영을 하다 보면 가끔 '할머니들의 해파리 수영'이라거나, '할머니들의 관광지 수영'이라는 말을 듣곤 하는데, 두 할머니는 마치 그런 말을 하는 사람들에게 보란 듯이 성실하게, 그리고 정말로 진지하게 매일 자신들만의 훈련 계획을 완수하고 계셨다.
>
> _ 이서현, 《거북이 수영클럽》, 자그마치북스, 2020

은근슬쩍 다음 진도를 무리하게 시도하면 엄마는 다른 데를 보고 딴짓을 했다. 엄마는 한번 싫다고 생각하면 좀처럼 마음을 바꾸지 않았다. 잘 뜨지 못하는 사람들은 '거북이등'이라고 불리는 EVA 소재 헬퍼에 의지해 수영을 배운다. 배영 연습을 하느라 거북이등을 배에 올리고 허리에 밴드를 채웠다. 단단하게 고정하지 않은 건 내 실수였다. 거북이등이 부력 때문에 균형을 잡느라 배 위에서 제멋대로 겉돌아 몸의 수평이 무너지면서 허리가 기우뚱 기울었다. 물에 빠진 엄마는 놀란 눈으로 나를 보다 잠시 후 "와야!" 소리쳤다.

이 사건 이후 엄마는 거북이등을 다시는 시도하지 않았다. 거북이등을 만지작대면 하기 싫어 딴청을 피웠다. 못 들은 척을 하느라 와양! 하고 물을 튀기며 이상한 소리를 내기도 했다.

"엄마 거북이 싫어?"

"그거 하기 싫여."

거북이등은 무엇보다 엄마의 '추구미'에 맞지 않았다. 이 도구를 착용하는 강습생들은 우리 옆 레인에서 저녁 수업을 하는 아기들이었다. "몇 살이니?" 엄마의 물음에 아기 거북이는 "다섯 살이요" 하고 대답했다.

엄마는 도구의 도움 없이 물에 뜨는 것부터 연습했다. 양 허리 밑에 손을 받쳐 몸을 물에 띄우면 불안해하면서도 동동 떠올랐다. 자유형 팔 돌리기와 배영 팔 돌리기는 모든 방향이 반대였다. 자유형 팔 돌리기는 물을 내 몸을 향해 긁어

당기면 머리가 앞으로 나가 이해하기 직관적이다. 배영은 팔을 자유형의 반대로 휘둘러야 몸이 뒤로 나가고, 몸이 뒤로 나가야 전진을 한다는 게 역설적이다.

우리는 이 순서로 배영 팔 돌리기를 반복했다.
① 팔을 머리 위로 뻗는다. 귀 옆으로 팔이 붙을 정도로 바짝 붙이면 더욱 좋다.
② 손바닥을 평평하게 하고 국자로 국물을 퍼내듯 손바닥으로 물을 위에서 아래로 민다.
③ 물을 미는 힘에 의해 몸은 후진한다.

이 과정에서 엄마의 배영은 이런 난관에 부딪쳤다.
① 물에 빠질까 봐 빨리 팔을 휘두르려다 보니 물을 충분히 밀지 못한다.
② 배영 팔 돌리기의 방향이 익숙하지 않아 몇 번 반복하다 보면 자유형 방향으로 바뀌어 전진하던 몸이 멈추거나 반대 방향으로 간다.
③ 물을 국자 크기로 퍼내지 못하고 수저로 국물을 뜨듯 손바닥으로 찹찹 퍼서 제자리에만 맴돈다.

"엄마, 귀에 팔 붙이는 거 안 돼?"

"응. 아퍼."

물속으로 깊이 손을 넣으면 삼차원, 표면에서만 물을 훑으면 이차원으로 손이 움직인다. 수영장 물 표면을 엄마는 이차원 함수가 놓이는 평면처럼 사용했다. 엄마의 손끝은 둥그렇게 수면에서만 수요 공급 이차 함수를 그렸다. 이래서야 좀처럼 힘을 얻지 못한다.

평생 노동을 한 엄마의 몸은 거의 다 닳아 그대로 굳어버렸다. 딱딱해진 어깨는 유연성이 떨어져 귀 뒤로 팔이 붙질 못했다. 어정쩡하게 펴진 팔로 스트로크를 하면 물을 제대로 잡지 못한다.

일하느라 평생을 쓴 오른쪽 팔엔 그나마 힘이 조금 있었지만 왼팔에 힘이 아예 없다는 것도 문제였다. 만져 보면 왼팔은 물주머니처럼 말랑말랑했다. 오른팔로 저으면 나아갔지만 왼팔은 팔랑대도 제자리였다. 두 팔을 다 저어도 결국 한 팔로만 움직인 셈이라 몸이 한쪽으로 쏠려 일자로 나가지 못하고 반대편 차선을 침범하기 일쑤였다. 그렇게 몇 번 노 젓듯 스트로크를 하면 팔이 아프다고 얼굴을 찡그렸다.

"엄마 아픈 데가 어깨야? 아니면 팔이야?"

"여기, 팔 뒤쪽."

엄마가 가리키는 곳은 상완 이두근이었다. "팔이 딱딱해서 그러네." 원인을 알아낸 후 엄마는 스트레칭 수업을 더 열심히 들었다. 제대로 펴지지 않는 몸을 꼬물꼬물 움직이며 고개 뒤로 팔을 꼬아 뒤로 젖혔다. 직각을 만들지 못하는 팔이 목 뒷등을 눌러 얼굴이 찡그려졌다. 해내고 싶어 하는 마음이 엄마 안에 있었다.

옆자리에서 자기 일행에게 수영을 가르치던 사람이 팔을 귀 옆에 바짝 붙이지 못하고 잠자리 날개처럼 파닥대는 아줌마들의 자세를 우스꽝스럽게 흉내 내며 이렇게 말했다.

"팔을 제대로 안 붙이면 저렇게 아줌마 수영하는 거야."

아줌마 수영 좀 하면 안 되나? 나는 엄마가 그 말을 안 들었으면 했다.

엄마는 박자 읽는 걸 어려워했다. 찬송가를 부를 때도 혼자 특이한 박자에 박수를 쳤다. 물을 긁을 때도 엄마는 자기만의 박자로 묘한 스트로크를 했다. 그걸 보면 엄마가 노래방에서 부르던 〈과수원길〉이 생각났다.

임종한 할머니와 마지막으로 인사할 때 아빠는 평생 잘

못한 만큼 엄청 울었다. "장모님. 잘못했어요. 잘 살게요." 아빠는 할머니가 아빠에게 마지막으로 했다는 말을 약속처럼 들려주었다. "춘실이 고집이 세니까 꺾으려고 하지 말고 잘 달래서 살게." 엄마 고집은 아무도 못 꺾는다. 엄마는 엄마 멋대로 헤엄치면 된다.

2022년 마포
"이미 먹은 물은 어쩔 수 없어!"

> 내가 일터에서 사랑하는 순간들이 이런 것을 발견하게 될 때다. (……) 조금의 상상력도 자극하지 않는 보잘것없던 존재들이 고통을 함께한 사람에게 자신들의 비밀스러운 단면을 펼쳐 보여 주는 순간들.
>
> _ 한승태, 《어떤 동사의 멸종》, 시대의창, 2024

처음 수영을 배울 때 나는 빠르게, 멀리, 힘 있게 나가는 것에만 골몰했다. 참는 건 잘할 수 있었다. 어깨가 아파도 힘을 잔뜩 줘서 물을 긁었다. 늘어 가는 숫자에 빠져 내 몸을 닦달했다. IM(접영-배영-평영-자유형) 100m 네 번을 포함해 한 시간에 1000m를 헤엄칠 수 있게 됐을 때 기어이 탈이 났다. 정형외과에서 눈물 나게 아픈 충격파 기기로 어깨의 석회질을 깼다. "당분간 수영하지 마세요." 진단을 받고도 멈추지 못했다. 굳이 빨라지지 않아도 된다는 걸, 보글보글 수영해도 된다는 걸 그때의 내가 알았다면 이렇게 마음이 부스러지진 않았을 것이다.

나이 든 여자들의 영법은 대체로 비슷하다. 허벅지 근육이 약하고 어깨가 딱딱해 팔을 귀 뒤로 붙이지도, 매끄럽게 발차기를 하지도 못한다. 수직으로 힘을 쓰지 못하는 팔은 물 표면에서만 팔랑대며 수평으로 퍼지기 마련이어서 공간을 많이 잡아먹었다. 의도치 않게 자주 옆 레인을 침범해 다른 사람 길을 막았다. 둥글고 상한 그 몸들은 힘없는 팔을 둔하게 휘두르고 발등으로 수면을 찰싹대며 천-천-히 보글보글 조-금-씩 나아간다.

물속에서는 안쓰러운 다리가 파닥댄다. 근육이 없는 다리는 물주머니처럼 펄럭댄다. 수직도 수평도 되지 못하는 몸은 어느 방면으로든 어정쩡하다. 엄마도 자전거 타는 사람처럼 무릎을 굽혀 헛된 발차기를 했다.

엄마는 "아아" 소리를 내며 수영장 벽에 매달려 허리를 양쪽으로 돌렸다. 물속에서 허리 스트레칭을 하면 뭍에서도 덜 땅긴다는 게 엄마 말이었다. 수경에 달아 둔 귀마개가 달랑거렸다.

"엄마가 그렇게 좋아요?"

분홍모자 어머님이 웃으면서 말을 걸었다. 엄마처럼 최근에 정년퇴직했다는 분으로 엄마와는 수영 속도며 나이 등 공통점이 많아 금세 친구가 되었다. 스트레칭을 하던 엄마에게 붙어 속닥대다 웃으며 인사했다. 엄마와 나는 유난하게 붙어 있어 다른 아줌마에게 "둘이 동성 애인인 줄 알았어" 하는 소리를 들은 적도 있다. 어떤 편견은 편견 없음과 통하고 나는 수영장에서 듣는 이런 말들, 경계를 짓느라 경계가 없어지는 말들이 재미있다.

수영장이 익숙해지면서 엄마는 조금씩 꾀를 부렸다. 지쳐서 하고 싶지 않을 때는 수조에 찰싹 붙은 전복처럼 수영장 벽을 꽉 잡고 서서 좀처럼 떨어져 나오질 않았다.

"엄마가 벽에서 안 떨어져요."

옆의 어머님한테 이르니 엄마는 "꾀가 났어" 말하고 벙긋거렸다. 윷놀이를 하듯 엄마를 등에 업고 함께 헤엄쳐 보려다 미끄러져 빠진 후 엄마는 물 공포증이 되살아났다.

허우적대다 물을 잔뜩 먹은 엄마는 코가 새빨개진 채로 한참 기침을 하고는 깔깔대며 웃었다. 이 사건 이후 새로운 방식으로 강습을 시도할 때마다 엄마는 "또 빠트리려는 거 아니지?" 하고 겁을 먹었다. 그렇게 꾀부리고 겁을 내면서도 포기하지는 않았다.

"이미 먹은 물은 어쩔 수 없어!"

다시 호기심 가득한 눈으로 수영장을 둘러본다. 엄마에게 수영장은 너무 낯설고 새로운 세상이었다. 다이빙 연습하는 상급반 사람들이 물고기처럼 입수에 성공하면 감탄했고, 팔 돌리기 자세 교정을 하는 상급반의 강습을 따라 자기 팔을 돌려 보기도 했다. 배영 발차기를 하는 사람들이 팔을 수직으로 세우는 이유를 궁금해했고(일직선으로 균형을 잡고 발차기를 연습하기 위해서다), 자주 마주치는 사람들 얼굴을 헤아리다 "오늘은 쌍둥이들 안 왔네?" 하고 결석한 이유를 궁금해했다(우리가 평소 오는 시간보다 일찍 왔기 때문이었다). 목장갑을 끼고 스트로크 연습을 하는 회원을 보고 목장갑의 용도를 궁금해하기도 했다(손가락 힘을 기르기 위한 훈련 도구라고 한다). 엄마는 세상에 그렇게 당하고서도 아직 세상을 알고 싶어 한다.

영화 〈노매드랜드〉에는 자기 몸으로 일해 스스로를 먹이는 여성이 나온다. 트레일러에서 살며 아마존 물류창고 임시직 일자리를 구해 그야말로 하루 벌어 하루 먹고사는 여성 노동자 역할을 배우 프랜시스 맥도먼드가 맡았다. 이 노동자는 노동하는 날과 날 사이 물가에서 잠시 숨을 돌린다. 알몸으로 계곡물에 누워 온몸으로 물을 느끼는 장면은 황홀했다. 나뭇잎처럼 자유로워 보였다.

몇 해 전 초여름에 시애틀 여행을 했다. 내가 묵은 3성급 숙소엔 낡은 수영장이 딸려 있었다. 도로가에 빽빽하게 늘어선 키가 큰 가로수에서 나뭇잎이 떨어져 수영장으로 들어왔다. 호텔 관리인은 뜰채로 낙엽을 건져 올렸다. 나는 나뭇잎을 피해 머리를 들고 평영 발차기를 하며 수족관 같은 수영장 안을 느리게 오갔다.

목표 없이 물에 뜬 나뭇잎처럼 나풀나풀 물에 뜬 채 엄마는 배영 발차기를 연습한다. 어깨가 뻣뻣하고 손이 느리고 발차기 힘이 약한 엄마의 지금 이 몸과 잘 지내 보고 싶다. 엄마의 어깨는 다시는 전처럼 유연해지지 않을 것이고, 엄마의 다리에서는 계속해서 근육이 빠지게 될 것이다. 그리고 나는 그것이 슬프지 않다.

2022년 마포
"몰라. 저절로 됐어."

> 엄마가 그저 그런 것, 아끼다 물려져 버린 복숭아 같은 것이 아니라 좋고 아름답고 싱싱한 것을 곁에 두고 쓰고 먹고 보았으면 좋겠다. 엄마는 좋고 아름답고 싱싱한 사람이니까.
>
> _ 김성라, 《쓸쓸했다가 귀여웠다가》, 아침달, 2022

수영을 마치고 샤워장으로 나오면 엄마는 바로 수영복을 빨기 시작한다. 엄마가 빨래에 집착하는 데는 나름의 사정이 있다. 엄마는 자기 세탁기를 1997년에야 처음 가져 봤다. 1996년 국내 세탁기 보급률은 92%였다. 사택에서 쫓겨나 이사하게 된 집에 와 본 큰엄마가 "넌 여태 세탁기도 없이 살았니?" 하고 깜짝 놀라며 세탁기를 사게 했단다. 세탁기 없이 오래 산 세월의 습관으로 엄마는 밀린 빨래를 전쟁보다 무서워한다.

"짤순이를 여기서 보네."

수영장에 놓인 공용 탈수기를 보고 엄마는 20년 전 그 물건이 돌아온 듯 반가워했다. 급하게 새로 얻은 집에선 개미가 나왔지만, 엄마에게는 세탁기가 생겼다. 엄마는 늘 좋은 쪽을 보는 사람이라 나빠진 주거 환경을 불평하기보다 드디어 세탁기가 생긴 것에 감동했다. 청소 일을 하는 엄마는 세탁기 덕분에 땀범벅이 된 옷을 매일 세탁할 수 있었다. 엄마는 그 세탁기로 두 벌뿐인 내 교복 셔츠도 늘 깨끗하게 빨아 줬다.

엄마는 힘들게 산 사람 사연 듣는 걸 좋아한다. 책에서 읽은 얘기를 엄마에게 해 줬다. 30대에 남편과 사별하고 갈치조림 장사를 하며 혼자 다섯 아들을 키운 어떤 식당 주인은 남편이 죽은 날도 울지 않았는데 밤 11시에 일을 마치고 돌아온 집에서 빨아야 할 아들들 운동화 다섯 켤레를 본 순간 눈물이 줄줄 나왔단다. 엄마는 깊이 공감해 얼굴을 찡그렸다.

"빨래 쌓여 있으면 진짜 눈물 나."

"없이 살아 그래"는 엄마의 만능 말버릇이다. 엄마는 모든 물건을 닳도록 썼고 특히 수건을 소중하게 여겼다. 수건은 바삭해질 때까지 엄마를 떠나지 못했다. 푼돈에 쪼잔해지는 건 나도 엄마랑 다르지 않아서 수건 대여료 500원이 아까워서 수영장 갈 때는 꼭 집 수건을 지참했다.

엄마가 우리 집으로 이사 오면서 수백 번은 세탁기에 돌린 엄마의 바삭바삭한 수건들도 함께 왔다. 어디서 기념품으로 받아 온 수건들은 하나같이 유물이었다. 엄마가 학교 청소를 하며 받아 온 2006년 수건, 아빠가 노동조합에서 받아 온 1996년 수건도 우리 집에선 아직 현역이다.

"엄마, 이 수건은 이제 저세상으로 보내 줘."

"멀쩡한 걸 왜 버리라 그래."

"안 멀쩡해. 이거 얇은 거 봐. 이쯤 되면 박물관이여. 이제 걸레로 보내."

엄마는 찢어진 수건도 아까워서 또 걸레로 썼다.

"엄마, 얘가 보내 달라구 하잖아."

애처로울 정도로 얄팍해진 수건을 흔드는 내게 엄마는 "멀쩡해!" 빽 소리를 지르고는 가방에 수건을 챙겼다. 크기와 색과 두께가 중구난방인 수건처럼 엄마는 삶을 덕지덕지 덧대며 여기까지 왔다. 우리는 그 수건으로 수영장에서 몸을 닦았다.

엄마의 수건 때문에 다른 사람들 수건도 눈여겨보게 됐다. 사람 사는 건 다 거기서 거기다. "우리 웃는 모습이 닮았대요" 하고 말을 건네다 엄마와 친해진 수영장 회원님도 2007년에 태어난 수건으로 몸을 닦고 있었다. 수건의 낡은 빛깔을 보고 나는 씩 웃었다. 저분에게도 수건에 얽힌 사연이 틀림없이 있으리라.

엄마를 좇는 눈에 자연스럽게 여자들도 들어왔다. 나는 그들의 규칙성에 빠졌다. 황혼 육아를 한다는, 우리 엄마보다도 자그마한 할머니는 늘 9시에 입장해 딱 30분만 헤엄쳤다. "할머니 이제 가신다!" 엄마 말에 시계를 보면 정확히 9시 반이었다. 엄마랑 친한 분홍모자 어머님은 킥판 발차기로 유유히 열 바퀴씩 돌고서야 자유형으로 넘어갔다. 엄마와 교회 얘기를 즐겨 하는 전도사님은 배영을 가장 좋아했고 스트로크가 유독 힘찼다. 10년 이상 헤엄친 여자들은 이번 해가 가면 다음 해가 올 것을 알기에 하루의 향상에 조급해하지 않았다. 거리든 시간이든 정해 둔 만큼 수영하면 미련 없이 물 밖으로 나갔다.

나는 알코올에 의존했다. 적응장애라는 진단명을 받고 신경정신과 장기 환자가 됐다. 송사를 할 때는 술을 많이 마시고 잠을 안 자고 길에서 울고 다닌 대가를 몸이 치렀다. 기침이 멎지 않으면 영화 〈슬픔의 삼각형〉의 표류하는 크루즈의 승객들처럼 속에서부터 역류해 올라오는 토를 복도에 쏟아 내고 다녔다. 수영장에 딸린 샤워장은 뜨겁고 습해 자주 코피가 났다. 내 서운함은 즙이 되어 몸 밖으로 새어나왔다. 이럴 때면 '사람은 물이 맞구나' 싶었다. 휴지로 코를 막고 있는 내게 분홍모자 어머님이 인사를 건네 왔다. "코피 났어요!" 나는 천진하게 대꾸했다.

"엄마 모시고 사는 거 힘들죠."

분홍모자 어머님은 내 마음을 알았다. 직장에서 행정 업무를 하느라 늘 바빴다던 그분도 40대엔 점심은 김밥으로 대충 때우고 일하느라 코피가 자주 났다고 하셨다. 자기 몸을 방치하면 안에서 무너지는 거라고, 그래도 지금 코피 흘리면서 열심히 살면 언젠가 좋은 날 올 거라고 위로해 주셨다. "30대, 40대에 열심히 일해야 50대, 60대에 편히 쉴 수 있다"고. 엄마도 기숙사 청소할 때 자주 코피가 났었다고 거들었다.

분홍모자 어머님의 수경은 〈매드맥스〉의 워보이들이 운전할 때 쓰는 안경처럼 크롬빛이었다. 철학자 같은 말을 남기고 어머님은 반대편 끝을 향해 느릿느릿 헤엄쳐 갔다.

배영 연습을 반복하며 엄마에게도 루틴이라는 것이 생겼다. 배영을 할 땐 50m를 헤엄치고 쉬었고, 자유형 발차기는 가급적 100m를 돌고 쉬었다. 자전거 타듯 물을 차는 어설픈 발차기와 젓가락처럼 허벅지만 착착 움직이는 잘된 발차기, 엄마의 발차기는 이 사이에서 오락가락했다. 엄마도 좋은 날 오겠지, 생각하며 성실하게 연습했다. 그러다 보면 신기하게 어느새 수영이 쑥 늘어 있었다. 수면에서 45도가 되게 축 늘어지던 다리가 20도 정도로 올라와 파닥이는 것을 나는 늘 조금 지나 발견했다.

"엄마 언제 이렇게 잘하게 됐어?"

"몰라. 저절로 됐어."

미연 부장님은 시끄러운 신입 사원이던 내 허술함을 너그러이 봐준 좋은 어른이었다. 젊음이 줄줄 새는 줄도 모르고 매일 야근하는 나를 걱정하는 마음으로 영양제를 주신 적도 있다. 그건 내가 태어나서 처음 먹어 본 영양제였다. 부장님 댁 어린이가 청소년이 되는 사이 나도 잘 웃고 잘 화내던 신입 사원에서 침울하고 차분한 경력이 긴 직장인이 됐다. "그때 효선 씨가 재밌었어요." 부장님은 내가 부끄럽게 기억하는, 모든 걸 다 드러내고야 말던 어설픔을 좋게 말해 주었다. 덕분에 나는 그때의 나를 너무 미워하지 않으면서 지금으로 건너올 수 있었다.

내게도 좋은 선배가 있었다. 앞서간 사람들을 뒤에서 보면서 그들의 영법을 배웠다. 잘했다고, 더 나아질 수 있을 거라고 응원해 준 사람들은 엄마이고 선배이고 언니인 여자들이었다. 그들 덕분에 회피해 온 인생을 맨정신으로 마주 볼 용기가 생겨났다.

일주일 휴가를 낸 주엔 엄마랑 평일 오후에 수영을 하는 호사를 누렸다. 토요일 자유수영에나 뵐 수 있는 엄마 친구들이 이 시간에도 오냐고 반가워했다. 큰 창문에서 나른

한 빛이 쏟아졌다. 그 빛이 어깨에 쏟아지는 것을 느끼며 배영을 했다. 역류성 식도염엔 양배추즙이 좋다고 강부장님이 선물로 주셔서 매일 아침 마셨다. 술 대신 즙을 마시며 나는 조금씩 낫고 있었다.

1993년 안산
"그 인간도 곱게 죽진 못했을 거야."

> **내 부류의 한풀이를 하고 싶은 열망 (……)
> 이브토, 내가 늘 돌아가는 곳인 그 집에 대한.**
>
> _ 아니 에르노, 《아니 에르노: 이브토로
> 돌아가다》, 정혜용 옮김, 사람의집, 2023

아기를 낳고 엄마는 아줌마라는 세계에 초대되었다. 엄마를 도운 건 다른 여자들이다. 이웃 아줌마들은 신입 아줌마인 엄마에게 김치를 나눠 주고 작아져 못 입히는 아기 옷을 물려주고 하소연을 들어 주고 살길을 찾아 주었다. 같은 셋집에 살던 영목 할머니가 당장 먹을 쌀 살 돈도 없는 엄마에게 일자리를 소개했다. "남편만 보고 살 순 없지 않니."

영목 할머니는 손주 사남매를 기르고 있었다. 할머니는 나도 함께 돌봐 주시기로 했다. 엄마는 안심하고 할머니가 소개해 준 일자리로 갔다. "팔각정 근처 과수원에서 배꽃 솎는 일이었는데 며칠 하니 나오지 말라데. 잘린겨."

　　배를 싸는 일은 엄마가 잘해 낼 수 있는 일이 아니었다. 엄마는 손이 느리고 대범하지 못했다. 지켜보고 닦달하면 긴장해 같은 실수를 반복한다. 엄마는 능숙해질 수 있는 사람이 아니었고 능숙함을 연기할 줄 아는 사람은 더더욱 아니었다.

　　엄마는 쉴일 수조차 없었다. 매달 딸 입에 넣어 줄 먹이 값을 벌어야 했다. 부지런히 다른 일자리를 구했다. 갈빗집 설거지 일을 하러 갔다 해고됐고, 요양 병원 빨래 일을 하다 사람들에 볶여 그만뒀다. 식당이며 식자재 마트며 병원 같은, 아줌마들을 주로 채용하는 서비스직은 엄마에게 들어맞지 않았다. '알아서 잘 딱 깔끔하게 센스 있게 눈치껏' 행동하는 일의 암묵적인 규칙을 이해하는 건 엄마에게 너무 어려웠다. 엄마는 잘 참는 사람을 찾는 직장을 구하러 갔다. 공장이 엄마를 기다리고 있었다.

납기일을 맞추느라 명절에 철야 근무를 한 적이 있는데, 애를 봐 줄 사람이 없어서 나를 데려가서 의자에 앉혀 놓고 일을 했단다. 엄마는 어떻게든 해냈다.

"반월공단에도 누가 소개해 줘서 갔어. 용접 똥 떼는 일이었는데, 한 6개월 했나. 용접 똥은 잘 안 보여. 속에 있어서."

"그다음엔?"

"현중이네 엄마 따라서 차 부품 만드는 공장 일용직도 잠깐 다녔지. 그다음엔 도금단지 부품 공장도 다녔는데 거긴 정규직 하라고 붙잡는 걸 나왔어. 경비 아저씨들이 그냥 다니지 왜 그만두냐고 잡는데, 아이 싫다 하고 나왔지."

"거긴 또 왜 나왔데?"

"한 달은 했나. 같이 일하던 할매가 내가 반장하고 놀아난다고 오해 싸서 때려쳤어."

그 시절 엄마는 무뚝뚝하고 말수가 적었다. "그 여자는 아주 여우 떨어." 그때 해명하지 못한 말이 아직도 마음에 고여 썩썩댔다. 도금단지에서 엄마가 맡은 일은 포장이었는데 자기 업무가 아닌 화장실 청소까지 하느라 일찍 출근해야 했다. 힘든 일이라면 엄마는 잘 견뎠다. 주로 잘리던 엄마가, 견디는 걸 잘하는 엄마가 '때려친' 사연이 궁금했다.

여러 번 들으며 이 사건은 점점 구체적으로 변했다. 시추 작업을 하듯 가장 깊숙한 기억이 매달려 올라왔다. 사장 조카인 직원이 겨울이라 브래지어를 하지 않은 엄마를 보고 가슴을 만지려 한 일이 있었다.

"거기는 그 할매 말고는 다 가족이야. 내 말 안 믿을 텐데 말하기도 싫고 그냥 때려친 거야."

당시 엄마는 겨우 서른셋이었다. 이미 40대가 된 내게 그 나이는 막막할 정도로 어리게 느껴진다. 실패한 결혼을 물리고 얼마든지 다시 시작할 수 있는 나이였고, 희롱에 대처하기엔 너무 미숙한 나이다.

원곡동엔 고만고만한 사연을 가진 사람들이 살았다. 낮엔 대부분의 집이 비어 있었다. 친구 집에 가서 밥을 얻어먹으며 시간을 죽였다. 학원을 다니는 아이도 드물어서 우리는 시간이 아주 많았다. 어른이 없는 집에서 라면을 끓여 먹는 동안 불은 위험하다고 말해 주는 사람은 없었다.

우리들 집이 늘 비어 있는 이유는 부모가 맞벌이를 했기 때문이다. 동네 여자들은 반찬값이라도 보태려 식당이며 공단으로 일을 하러 나갔다. 우리는 어른들 사정을 잘 몰라서 지켜보는 어른이 없는 동네가 천국이라고 생각하고 쏘다녔다. 우리는 그 자유가 결손이라는 것도 모르고 즐겁게 자랐다.

빈집을 오가며 국자를 태워 먹으며 '달고나'(〈오징어게임〉의 그것)를 해 먹었고, 고무줄을 넘고 다녔고, 슈퍼맨 놀이를 하느라 높은 곳에서 뛰어내렸다. 동네 아이들과 어울려 다니며 욕을 배운 것도 이쯤이다. 안양에선 부모님께 존댓말만 하다 안산에서부터 반말을 하기 시작했다고, 엄마는 안산에서부터 친구를 잘못 사귀어 애가 잘못됐다고 두고두고 말했다. 나는 "원래 그런 싹수가 있었어" 했다.

초등학교 첫 시험에서 1등을 했더니 선생님이 엄마를 모셔 오라고 했다. 엄마는 학교에 깍두기를 담아 왔다.

"엄마 김치가 참 맛있더라."

"저희 엄마 알타리 김치도 맛있어요."

그 김치 통 아래에 엄마가 돈봉투를 넣었다는 건 어른이 돼서야 알았다. 엄마는 나박김치 통을 들고 2학기에도 학교에 왔다. 나는 천진난만하게 선생님 앞에서 까불었다.

한 달에 10만 원인 월세도 밀리는 형편이었다. 엄마가 봉투에 넣어 갈 돈을 어떻게 마련했을지 상상이 잘 되지 않는다. 애가 잘되려면 강남이든 목동이든 가야 된다는 충고를 듣느라 젊은 엄마가 교무실에 앉아 있었다.

나는 학교에 가는 게 좋았다. 학교에 가 있는 동안은 나쁜 일이 생기지 않았다. 경마장이 열리는 주말엔 늘 집에서 싸움이 났다. 아빠가 나가면 화풀이할 데가 없는 엄마는 만만한 나를 혼내고 쥐어박았다. 엄마는 먼지떨이며 옷걸이며 손에 잡히는 대로 쥐고 때렸다.
"잘못했어? 안 했어?"
"맞을 만큼 잘못 안 했어!"
"이게 그냥. 잘못했다고 안 해?"
"엄마 나한테 화난 거 아닌데 왜 나를 때려?"
울면서도 엄마한테 잘만 대들었다. 아빠 때문에 화난 거면서 왜 나 때려, 이렇게 말하면 엄마가 안아 줬다. 서운함은 금세 풀렸고 다시 엄마랑 찰싹 붙어 잤다.

어른이 된 후 엄마와 도고온천으로 겨울휴가를 갔다. 온수풀과 자쿠지를 오가며 몸이 나른해질 정도로 물놀이를 하고 벌게진 얼굴로 온천에 딸린 콘도에서 이때 일을 엄마에게 다시 따져 물었다.

"엄마 옛날에 내가 잘못한 거 아닌데 왜 나 때렸어."

엄마는 미안하다고 했다. 내게 잘못한 많은 사람 중 제대로 사과한 사람은 엄마가 처음이었다. 엄마는 그때 너무 살기 힘들어서 그랬다고 변명하는 대신 화풀이로 때려서 미안하다고 정확하게 사과했다.

서방을 잡지 왜 애를 잡냐고 할머니한테도 혼났었다는 말을 나중에 들었다. 엄마는 이 사건 얘기를 여러 번 다시 꺼냈다

"우리 그때 화해했잖아. 도고온천에서."

내가 잊어도 엄마는 엄마가 한 일을 잊지 않았다.

"아빠가 엄마 때렸던 거 기억나?"

"그건 기억 안 나."

수영장에서 엄마가 대답했다. 대신 엄마가 나를 때리던 장면은 기억난다고, 오래오래 기억날 거라고 팔을 흔들었다. 그 말을 할 때 엄마는 동그란 눈으로 나를 보고 있었다. 줄지어 접영을 하는 옆 레인 사람들 손에서 물이 후드득 쏟아졌다. 나는 물소리에 지지 않게 크게 외쳤다. "그런 건 좀 잊어버려!"

학교가 문을 닫는 주말엔 도서관에 갔다. 어린이 열람실 마감 시간인 5시까지 종일 책을 읽으면 열 권씩 읽을 수 있었다. 소설은 언제나 현실보다 좋았다. 엄마한테 맞을까 봐 시장으로 도망가던 날은 동화 속에 나오는 모험을 떠나는 것 같아 흥분되었다. 나는 진짜인 내 삶보다 소설 속 가짜가 좋았다. 그게 내겐 어리둥절한 삶을 소화하는 방식이었다.

　물론 더 자란 후엔 소설 속에서도 상처받았다. 원고를 팔아 배팅을 한 도스토옙스키의 일화 같은 것이 수시로 나를 쥐어박았다. 헤밍웨이는 밀라노에서 경마장에 다니던 경험을 《무기여 잘 있거라》에 녹였다. 부코스키는 '개똥 같은 인생'을 쥐고 마권에 배팅할 때의 심경을 《죽음을 주머니에 넣고》에 썼다. 늘 절망적이고 짜증 덩어리였던 그는 경마장에서만 생생해졌다. 경마장에서 비로소 세상과 연결된 기분을 느꼈다는 부코스키처럼 아빠도 진짜는 경마장에 두고 가짜만 집으로 돌아오는 것이었을지도 모른다.

　고레에다 히로카즈의 첫 장편영화 〈환상의 빛〉의 원작 소설을 쓴 미야모토 테루도 경마장에 가면 늘 패배했고(도박꾼이 항시 패배할 수밖에 없는 것은 다 잃을 때까지 걸기 때문이다) '무일푼의 언덕'(이 에피소드는 《그냥 믿어 주는 일》에 소개되었다)을 올라 다시 집으로 돌아왔다. 책에서 이런 인물들을 마주칠 때마다 담배 냄새가 잔뜩 밴 작업복 점퍼를 입고 집으로 돌아온 아빠의 축 처진 어깨가 떠올라 흠칫 놀랐다. '무일푼의 언덕'을 지나온 아빠는 낙심해 실업자가 되곤 했다.

미야모토 테루는 교토의 경마장에서 자신의 아버지에게서 경마를 배웠다. 나도 아빠와 과천 경마장에 가 본 적이 있다. 아빠가 준 천 원으로 마음에 드는 이름을 가진 말의 이름을 적어 마권을 샀다. 내 마권은 꽝이었다. 아빠는 잘된 일이라고 했다. 아빠는 처음에 돈을 땄었단다.

"그게 운이 나빴던 거야."

아빠도 좋아서 이걸 하고 있는 게 아니었다. 잠이 안 와서 새벽마다 술 마시는 사람이 되고서야 나는 좋지도 않은 걸 어쩔 수 없어 계속하는 절망적인 마음에 대해 조금 알게 된다. 정세랑의 소설 《설사은, 불꽃을 쫓다》의 탐정 설사은의 말에 사로잡혀 나는 한참 멈춰 있었다. "사로잡혀 버리는 쪽을 가엽게 여겨야 해. 보기엔 다 같아 보여도 구운 토기와 굽지 않은 토기처럼 강하고 약함에 차이가 나네."

서울로 이사를 준비하던 늦봄, 엄마와 아빠는 30년 전 우리가 살았던 원곡동 그 집에 가 보았다. 엄마는 그 집에 살면서 과수원, 부품 공장, 빵 공장, 전기 공장 등을 다녔다. 진작 헐렸어야 할 낡은 집이 그 자리에 여전히 그 모양으로 서 있더라고 했다. 그 집엔 여전히 우리 같은 사람들이 살았다. 이제 외국인들이 산단다.

내가 다녔던 초등학교엔 이미 다문화 가정에서 태어난 아이들이 더 많다. 그 아이들의 부모는 공단으로 출퇴근을 한다. 우리는 그들로 대체되었다.

"집주인이 아주 지독했지. 지금쯤 죽었을 거야."

5년을 살던 그 집에서 나오게 된 건 아빠의 기술을 좋게 본 회사에서 보증금과 월세 없이 사택에 살 수 있도록 사정을 봐줬기 때문이었다. 아파트로 가면 이제 내 방도 생길 거라는 말에 신이 났다.

갑자기 이사를 나가면 어떡하느냐, 집을 망가트렸다, 온갖 것에 트집 잡아 집주인은 끝내 남은 보증금 70만 원을 돌려주지 않았다. "언니, 우리도 못 받았잖아." 엄마는 집주인이 상습적으로 보증금을 떼먹는 인간이라는 걸 나중에 전해 들었다.

"그 인간도 곱게 죽진 못했을 거야."

아빠가 어릴 때 살던 고아원의 원장도 아주 지독한 인간이었는데, 묘를 옮길 때 그 묏자리에서 뱀이 잔뜩 또아리를 틀고 있었다고 했다. 아빠는 그 뱀이 꼭 복수를 해 준 것 같아 기뻤다.

"썩은 과일도 아까워서 애들이 못 먹게 했거든. 아주 지독한 인간이었어."

심보가 지독한 인간들이 죽어서라도 대가를 치르는 이야기는 꼭 소설 같았다. 나는 그런 이야기를 항상 좋아한다.

2022년 종로
"평발이라고 못 한 거 없어!"

> 한 몸으로 어떻게 그 많은 일상이 가능했는지
> 알 수 없으나, 에메렌츠는 거의 앉는 법이
> 없었다.
>
> _ 서보 머그더, 《도어》, 김보국 옮김,
> 프시케의숲, 2019

엄마에겐 모든 날이 수영하기 좋은 날이었다. 수영장 상주인구는 주초에 많고 월초에 많고 연초에 많다가 주말에 줄고 월말에 줄고 연말에 줄었다. 여름엔 사람 구경하느라 시간이 잘 가서 좋다던 엄마는 가을엔 또 사람이 적어 수영하기 좋다고 말을 바꿨다. 그렇게 늘 좋기만 한 엄마에게 때론 시련이 찾아왔다.

볕이 좋은 토요일 오후, 수영 가방을 챙겨 수영장으로 향하던 우리는 늘 같은 자리에 묶여 있는 흰 개를 마주쳤다.

"멍멍아!"

강아지를 좋아하는 내가 먼저 손을 내민 게 잘못이었다. 나를 따라 개를 쓰다듬던 엄마에게 갑자기 개가 이빨을 드러냈다. 피할 새도 없이 날카로운 송곳니가 엄마의 살점을 찢었다. "악!" 엄마는 소리를 질렀다. 손바닥에서 피가 뚝뚝 떨어졌다.

급하게 병원 응급실에 가서 주사도 맞고 소독도 했다. "얼마 나왔어?" 손에 붕대를 감은 채 엄마가 또 돈 얘기를 했다. "수영은 못 가죠?" 하니 의사 선생님은 황당한 소리를 한다는 듯 나를 보았다. 우리는 낡은 수건을 착착 담은 수영 가방을 들고 있었다. 30분이면 차가운 물에 풍덩 뛰어들 수 있었는데.

집에 가기 서운할 정도로 날이 좋았다. 수영장에 못 가 시무룩해진 엄마와 독립문 공원에서 나무 구경을 했다. 세상엔 개에 물리는 사람이 있고, 개에 안 물리는 사람이 있다. 개에 물리는 사람은 정해져 있고, 하필 엄마는 항상 물리는 쪽이다. 엄마는 항상 넘어지고 부러지고 쫓겨나고 혼나고 구박받고 흘리고 잃어버리고 잊고 물린다. 엄마는 황옥, 금강석보다는 형석, 활석 쪽이다. 우리 엄마는 하필 이렇게 경도가 무른 사람일까. 엄마 탓 말고 세상 탓을 해야 하는데 아직도 그게 잘 안 된다.

엄마는 무르고 유연하다. 말랑한 엄마는 기분 좋아지는 방법을 잔뜩 알고 있다. 엄마는 붕대 감은 손을 휘두르며 풀숲에 숨은 고양이를 구경하러 갔다. 천진난만함은 전염된다. 돌아오는 길엔 나도 엄마처럼 기분이 좋아졌다.

"엄마는?"

"개에 물렸어요!"

수영장에서 엄마를 찾는 엄마 친구들에게 하소연하듯 말했다. "어쩌다?" 엄마 친구들은 본인들이 개에 물린 것처럼 얼굴을 찡그렸다. 엄마는 일주일 후 위풍당당하게 다시 샤워실 커튼을 열고 수영장에 입성했다.

"그 개는 여자만 문대."

"그래?"

"나 말고도 많이 물렸대. 너는 크니까 안 물고 나는 작으니까 문겨. 개도 늘 묶여 있으니까 화가 차서 그렇지 뭐."

 엄마는 산책하는 다른 강아지를 보고 자기 손을 문 흰 개 얘기를 했다. 가게 앞에 묶여 있어 답답한지 제 꼬리를 물고 빙빙 돈단다. 나이 든 개의 털엔 윤기도 예전보다 덜 돌았다. 스스로 물어 상처가 난 꼬리는 털이 빠져 벌겋게 살점이 드러났다. 가느다란 개 꼬리는 스트레스성 탈모로 털이 빠져 휑한 내 정수리랑 비슷했다.

"사람도 나이 들면 화 차는 거 못 참아."

 백내장이 생겨 눈동자가 탁해진 개를 엄마는 그렇게 마음으로 받아들였다. 엄마의 갈색 눈동자에도 백내장이 생기기 시작했다. 자주 벌컥하고 금세 풀어지는, 나이 든 강아지 같은 엄마는 유유히 발차기를 시작했다.

 개 물림 사건 이후로도 엄마의 수난은 끝나지 않았다. 퇴근한 나를 엄마가 슬쩍 방으로 불러 아빠가 못 듣는 곳에서 귓속말로 속삭였다.

"나 다쳤어."

 발목이 벌겋게 부어 있었다. 엄마는 아직도 취미로 남의 쓰레기를 뒤지며 공병과 캔을 모아 고물상에 가져다 팔았다. 안산서도 폐품 줍는 엄마 때문에 이웃과 갈등이 있었다. 옆집에서 싫어한다, 추운데 돌아다니는 거 안쓰럽고 위험하다 설득해도 "돈에 한이 맺혀서 그래! 속에 화가 차서 그래!" 하고 고집을 부렸다.

날이 추워지면 길이 미끄러워진다. 돈 될 만한 쓰레기가 있나 나섰다가 엄마는 비탈길에서 또 엎어졌다. 엑스레이로는 찍히지 않은 골절이 초음파로는 잡혔다. 의사 선생님이 누르는 대로 엄마는 아야! 하고 비명을 질렀다. 검사 결과는 좌측 경골 하단의 폐쇄성 골절.

"발이 원래 모양이 좀 두툼하네요."

의사 선생님이 엄마의 뻣뻣한 발목을 조심스럽게 매만졌다. 평발은 뼈에 충격을 주며 걷기 때문에 금 간 부위가 붙기까지 시간이 좀 걸릴 거란다. "오늘은 수영 못 가겠다." 엄마는 아쉬워하며 깁스를 감은 왼쪽 발을 내려다보았다. 부러지고 다시 붙으면서 엄마는 여기까지 왔다. 앞니 세 대, 양 팔목, 척추뼈 두 번, 왼쪽 무릎 한 번. 이번엔 왼쪽 발목 차례다.

엄마를 찾는 엄마 친구들에게 이르듯 말했다. "엄마 발목 다쳤어요!" "얼마 전에도 아팠잖아?" 엄마 친구들은 얼굴을 찡그렸다. "엄마 자주 넘어져요." 나는 헤헤 웃었다. 병원에서 발목 보호용으로 채워 준 반깁스를 엄마는 못 참고 금세 풀어 버렸다.

그렇게 한 달을 쉬고 엄마는 다시 수영장에 왔다. 그새 수영이 쑥 늘어 있었다. 75m를 배영으로만 왕복하는 신기록을 세웠다. "애기도 한번 앓고 나면 재롱이 느는겨." 엄마는 너스레를 떨었다.

발목 스트레칭을 더 신경 써서 하기로 한다. 엄마는 어깨도 발목도 가동 범위가 제한적이다. 평발로 땅을 쿵쿵 찍으며 걷느라 늘 부어 있는 발목을 꽉 쥐고 발차기를 이렇게 하라고 일장 연설을 했다. "이렇게 물을 발로 차라고."

수영 강의를 하고 있으면 엄마 친구들이 와서 "딸 있어서 좋겠슈" 하고 지나갔다. 엄마는 환하게 웃으며 고개를 흔들었다. 수경에 달린 귀마개가 함께 흔들린다.

한 달쯤 다시 열심히 수영장에 다녔는데 화장실을 가고 싶다고 엄마가 갑자기 방에서 기어 나왔다. 전날 수영장에서도 엄마는 저조했다. 평소에 하는 쿵쿵 뛰기를 할 때 놀란 표정이었다. 걷는 게 또 불편해진 듯해 "엄마 엎어졌어?" 물어보니 슬쩍 고개를 끄덕였다. 며칠 전 골목 입구에서 앞으로 칵 엎어졌단다. "뒤로 안 넘어지고 손바닥으로 짚어서 괜찮을 줄 알았는데……" 작게 중얼거렸다. 엄마는 설탕으로 만든 인형 같다.

화사한 분홍색 카디건을 입고 휠체어에 앉은 엄마가 겁먹은 채 자기 차례를 기다렸다. "아고고고야" 소리를 내며 휠체어에서 일어서 찡그리고 딛는 모습을 보자 의사 선생님이 사태를 바로 짐작했다. "MRI를 찍어야 되는데 아예 입원을 바로 할까요?"

엄마는 그렇게 또 입원 환자가 됐다.

아침에 결과가 나왔다. 골반 골절이었다. 허리 골절 이후 엄마는 매주 화요일 아침마다 골다공증 약을 먹고 있었다. 약을 먹고서도 충분한 정도로 수치가 올라오지 않은 것이 근본적인 원인이었다.

"이번엔 병원 밥이 맛있다야."

"입원도 하면 느네. 전보다 낫수."

진통제며 소염제를 투입하고 엄마는 이틀 만에 다시 걸을 수 있었다. 수액을 맞고 허리 보호대를 차고 드디어 스스로 화장실에 갔다. 링거 거치대를 쓱쓱 밀며 방글방글 웃던 엄마가 주치의 선생님과 마주쳤다.

"걸으시니 좋죠?"

엄마는 암사자처럼 뻗은 머리카락을 휘날리며 슬리퍼를 끌고 걸었다. 선생님도 웃고 엄마도 웃고 다 웃었다.

엄마 뼈는 수십 번 국물을 우려낸 쇠꼬리같이 됐다. 주야간을 불사하고 뼈 빠지도록 일하던 엄마의 뼈는 MRI를 찍으면 여기저기 빈자리가 까맣게 보일 정도였다.

"사골도 아니고 자꾸 우려내니 그게 배겨."

"그러게 말여."

엄마는 그 길고 고생스러운 세월을 곱씹으며 끄덕였다.

퇴원하며 골형성 촉진제를 처방받았다. 이 약은 엄마의 뼈다귀 빈자리를 속속 채울 것이다. 개봉 후 30일만 사용이 가능하고, 항상 냉상 보관을 해야 하는 까다로운 약이었다. 이걸 맞고도 통증이 계속 있으면 큰 병원에 가서 수술해야 할 수도 있다고 했다.

"약이 잘 들었으면 좋겠네."

엄마는 기도하듯 말했다. 출근할 곳이 없어진 후 엄마는 아침잠이 늘었다. 잠들어 있는 엄마 배에 주사를 놓고 나는 회사에 갔다. 점점 엄마에게 적은 걸 바라게 됐다. 자기 발로 걸어서 수영장에 가기, 가서 즐겁게 헤엄치기.

수영장에는 걸려 넘어질 만한 돌부리도 계단도 없다. 물속에서 겁이 없어진 엄마는 나와 양손을 마주 잡고 콩콩 뛰며 거침없이 몸을 풀었다. 여섯 개의 레인으로 이루어진 안전한 풀장을 벗어나면 세상은 바로 걸림돌이 되어 엄마를 위협한다. 탈의실 바닥에 깔린 발수건 뭉치에도 걸려 넘어지는 사람이 엄마다.

엄마는 낙심하는 대신 발밑에 쌓인 수건을 주워 세탁함에 넣는 사람이 됐다. 수영장에서는 수건을 주웠고, 길에서는 비닐봉지를 주웠다. 엄마처럼 걸음이 서툴 다른 사람들을 위해서였다.

"이런 거 있으면 걸려 넘어지잖아."

학교에서 보물찾기를 할 때도 엎어지지만 않으면 꼭 제일 좋은 걸 잔뜩 찾아냈다고 엄마는 자랑했다. 엎어지고 다시 일어나는 사람인 엄마는 평발로 계단을 올라 무수히 많은 계단을 닦았고 이제 평평한 발바닥으로 물을 차며 앞으로 나아가는 힘을 만든다. 평발은 엄마의 자랑이다.

"엄마는 평발!"

"평발이라고 못 한 거 없어!"

골반 골절로 수영장을 두 달 쉬라는 진단을 받았다. "엄마 어디 갔어?" 엄마 친구들이 물어보면 "엄마 또 다쳤어요!" 하고 대답했다. "또?" 하고 얼굴을 찡그리는 엄마 친구들의 표정까지 시트콤처럼 반복됐다.

엄마가 오래 결석하는 동안 나 혼자 수영장에 갔다. 엄마랑 수영장에 가면 운동량이 절반이 된다는 게 사소한 불만이었다. 한 시간에 2000m씩 머리가 뱅뱅 돌 때까지 레인을 무한으로 돌던 시절처럼 지치도록 수영하고 싶었다.

방수가 되는 스포츠 헤드폰을 착용하고 비틀즈며 루 리드를 들으며 햇살이 쏟아지는 오후 수영장을 뱅글뱅글 돌 때면 이 순간을 위해 살아 있는 것 같았다. 그땐 그 찰나의 순간을 위해 필요한 것이 너무 많아서 헤드폰이라도 실수로 집에 놓고 오면 세상이 무너지는 것 같았다. 모든 것이 내가 의도하고 연출한 대로 제자리에 있어 주길 바라는 욕심으로 늘 팽팽하게 당겨져 있던 때가 이젠 잘 기억나지 않는다.

엄마 없는 수영장은 예전처럼 즐겁지 않았다. 나는 이제 칼로리 소모량을 채우는 것도, 바퀴 수를 채우는 것도, 순간을 연출하는 것도 즐겁지 않았다. 엄마의 소란스러움, 엄마의 산만함, 엄마의 말썽이 그리웠다.

1998년 안산

"40대 땐 샛노랬어."

> 엄마한테 영광의 1등을 안겨 드리고 싶었는데
> 2등도 못 한다면 엄마 볼 면목이 없다.
>
> _수신지, 《반장으로서의 책임과 의무 1》,
> 귤프레스, 2022

아파트 청소 일은 아는 사람이 소개해 줬다. 멀미가 심한 엄마에겐 걸어서 출근할 수 있다는 점이 무엇보다 좋았다. 아파트엔 계단이 징그럽게 많았다. 계단 끄트머리를 감싸고 있는 요철로 된 금속을 '신주'라고 하는데 신주의 오목한 곳에 고인 더러움을 닦아 내려면 쪼그려 앉아 손목에 힘을 주어 걸레질을 해야 해서 손목이 나가기 십상이었다.

"나이 든 사람이 하느니 젊은 사람이 하는 게 낫지."

어느 집단에서나 엄마는 요령 부릴 줄을 몰랐다. 신주 일을 떠맡은 엄마는 묵묵히 계단을 닦았다.

나는 집안 형편을 비밀로 하고 학교에 다녔다. 우리 또래엔 외동이 드물어서 친구들은 나를 부러워했다. "좋겠다. 동생하고 싸울 일도 없고 용돈도 많이 받고 컴퓨터도 혼자 하고." 친구들이 오해해서 나를 부러워하는 게 좋았다. 주 6일 근무에 야근이며 특근을 하느라 부모님은 늘 집에 없었고 학원도 다니지 않아 시간이 남아돌았다. 나를 안쓰럽게 보는 친척 어른들이 주신 용돈으로 중학교 뒤 도서관, 그 맞은편 음반 가게, 그 옆 서점을 다니면서 음악을 듣고 만화 잡지를 봤다. 내 취향이라는 게 생겨나며 나는 점점 엄마와는 다른 인간이 되고 있었다.

엄마에게도 시간이 가고 있었다. 40대에 접어들며 몸 여기저기가 고장이 났다. 스트레스를 받으면 장이 뒤틀리는 증상으로 데굴데굴 굴렀다. 식은땀을 흘리며 눈을 꽉 감고 있는 엄마를 진정시키려 매달려 안고 있으면 헛구역질을 할 때마다 장기가 출렁대는 게 느껴졌다.

"엄마. 내가 꼭 잘돼서 복수할게."

중학생이 상상할 수 있는 잘될 수 있는 방법은 공부를 잘하는 것밖에 없었다. 어른이 된 후에야 이 다짐이 내 것이 아니라는 걸 깨달았다. 엄마가 사람들 사이에 섞이지 못할 때, 사람들이 엄마를 무시할 때 나는 그 장면을 보고 있었다. 미련하다는 말에 상처받았던 엄마는 내가 착한 딸, 건강한 딸이 아닌 똑똑한 딸이 되길 바랐다. 내 입에서 나온 약속은 사실은 엄마의 바람이었다. 엄마와 이미 덩굴처럼 얽힌 채 자라 버린 나는 엄마의 소망과 내 의지를 구분하지 못했다.

나는 학교의 야만성에 잘 적응했다. 엄마를 닮아 덤벙댔지만 엄마를 닮아 잘 참았다. 우리 집 사정을 감추는 게 어려운 일이 아니듯 내 부족함을 숨기는 것도 어렵지 않았다. 있어도 없는 존재로 나는 교실 맨 앞에 앉아 수업을 듣고 문제를 풀었다. 밤 12시에 집에 가서 새벽 6시에 집에서 나왔다. 집에서 벌어지는 일을 알지 않아도 된다는 게 좋아서 학년이 올라갈수록 어릴 때처럼 다시 학교를 좋아하게 된다.

위경련, 하혈, 자궁 근종 등을 연이어 겪으며 엄마는

4.4g/dL라는 헤모글로빈 수치를 받게 된다(성인 여성의 정상 수치는 12-15.5g/dL이다). "아줌마, 이 몸으로 일하시면 안 돼요." 의사가 말려도 엄마는 당장 한 달 생활비가 없어 쇠 냄새가 나는 빈혈약을 먹으며 다음 직장을 구한다. 엄마의 경력은 조각조각이다. 아파트 관리실에서 1년, 병원 청소부로 두 달을 일하고 다시 아파트 관리실 소속 청소부로 돌아갔다. 이번엔 관리실 소속이 아닌 용역 회사 소속이었다. 엄마는 그렇게 나빠지는 삶을 견뎠다.

아파트 단지 주민이었던 교회 권사님과 20년이 지나 우연히 마주쳤을 때 엄마를 알아본 그이가 얼굴을 보고 놀랐단다. 안색이 환해서 몰라봤다고. 그땐 하혈을 수시로 해서 얼굴이 샛노랬었다. 수영장 사우나에 마주 앉아 엄마는 내 하얗고 통통한 팔 옆에 엄마 팔을 대 보며 "내 살은 아직 노래" 하고 피부색 얘기를 한다.

"40대 땐 샛노랬어. 빈혈이 심해 가지고."

그때 엄마는 얼굴을 찌푸리고 잠꼬대를 하며 잤다. 식은땀이 흐른 얼굴을 짚어 보면 차갑고 축축했다.

엄마가 일하던 아파트 단지에 중학교 친구도 살았다. 친구네 집에 갔던 날 나는 엄마가 이 자리에서 늘 계단을 닦는다는 걸 연결해 생각하지 못했다.

대학생이 된 후엔 그 아파트 단지들로 아르바이트를 하러 다녔다. 관리실에 3만 원을 내면 전단지를 붙일 수 있었다. 인기 많은 과외 선생인 척 전단지 맨 아래 오징어 다리처럼 붙여 둔 연락처 중 하나는 잘라 주머니에 구겨 넣었다. 엄마가 쭈그려 앉아 닦던 그 계단을 과외 선생인 내가 올랐다. 옛 유행대로 지어진 아파트 내부는 내가 상상한 것보다 낡고 소박했다. 이렇게 소박한 계단조차 엄마에겐 너무 높았다.

1998년 안산

"그때 그 냄새가 나."

> "용서하게, 친구, 내가 자네 머리를 다 뽑아
> 버렸네."
> 왼손잡이가 대답했다.
> "하느님이 용서해 주시겠지유. 이런 일을
> 저희가 어디 한두 번 당하나유."
>
> _ 니콜라이 레스코프, 《왼손잡이》, 이상훈 옮김,
> 문학동네, 2010

조해진은 자전적인 소설 〈문래〉에서 자신의 문장이 온 곳인 문래(文來)에 대한 기억을 털어놓았다. 작가가 오래 비밀로 간직한 문래 6가의 무허가 판자촌은 내가 자란 원곡동 같은 곳이었다. '한 공장에서 6개월 이상을 일하지 못한' 소설 속 엄마는 꼭 우리 엄마 같았다. '특별한 기술도 없고 집에 가두고 온 아이 때문에 야근도 할 수 없었던' 기혼 여성은

소설 속에서 그런 것처럼 가장 먼저 직장을 떠나게 된다. 외환 위기가 다가오고 있었다.

 엄마는 소녀 시절을 겪지 않고 곧바로 노동자가 됐다. 싸우고 화해하고 친구와 맞춰 가는 학창 시절 없이 바로 회사원이 된 엄마에겐 눈치껏 행동하는 것이 어려웠을 것이다. 특히 사람이 많은 공장 생활이 그랬다. 사람들이 말이 너무 많아 빵 공장을 그만뒀고 구조 조정으로 전기 공장을 그만뒀다.

 전기 공장을 다닐 땐 임신 중절을 겪기도 했다. 망설이는 동안 임신 주수가 늘어 엄마는 무리하며 중절 수술을 했고 그 후유증으로 본격적으로 아픈 사람이 된다. 옛날엔 다 그러고 살았다고 엄마가 말했다. "키울 자신이 없었어. 있는 하나라도 고등학교까지는 이 악물고 같치야지 했지." 1994년 기혼 여성의 49%가 인공유산을 경험했다는 통계를 떠올려 보면 엄마만 겪은 일은 아니었을 것이다. 많은 여자들이 쉬쉬하며 그런 결정을 내렸다. 엄마는 밉보이지 않기 위해 휴가 신청 없이 그 몸으로 계속 서서 일했다. 그렇게 참고 견딘 보람도 없이 곧 해고됐다.

"그만둔 거야? 짤린 거야?"

"짤린 거지."

엄마 목소리엔 그때의 억울함까지 생생하게 남아 있다.

"나는 A라인 물건을 대 주는 사람인데 갑자기 B라인 물건도 대 주라는 거야. 원래 그 일 하는 사람이 농땡이를 치니까 그 사람이 안 하는 것까지 내가 대신하라고. 나는 내 자존심이 있으니까 '내 자리 아닌데 가라는 대로 가는 게 싫다' 했지. 그러니까 주임이 자기가 관리하겠다고 하더라고. 물품 대 주는 일은 책임자인 자기 일이니까. 그리고 곧 짤렸지."

구제금융은 기업에 노동 유연화를 요구했다. 사내 부부 직원 중 가장인 남성의 일자리를 유지하고 아내가 사직하도록 유도하는 방식으로 기업은 아내들의 일자리를 가장 먼저 없앴다. 여자는 자르기도 쉽고 대체하기도 쉽다. 엄마가 악소리도 못 내 보고 나간 자리를 더 젊은 여자가 와서 채웠을 것이다.

집과 시화공단은 버스정류장 종점과 종점이었다. 멀미를 하는 엄마가 한겨울에 한 시간 넘게 버스를 타고 다니며 대면 구직 활동을 했다. "명함 달라고 하고 다녔던 게 창피해." 엄마는 그해의 추위와 창피함을 꿈으로 꿀 정도였다.

운전면허를 딸 때 주말이면 한산해지는 시화공단에서 주행 연습을 했다. 뒷좌석에 탄 엄마는 구직 활동을 하러 다녔던 가죽 공장을 기억하고 있었다. "그때 그 냄새가 나." 공장과 공장 사이로 난 대로엔 칼바람이 불었다.

낯도 가리고 지도도 잘 못 보는 엄마가 휴대전화도 없던 시절 어떻게 그런 일을 해냈는지. 돌이켜 생각하면 엄마가 굽이굽이 삶의 곡절을 통과하고 수영장까지 도착한 게 신비롭기만 하다. 엄마는 얘기 끝에 덧붙였다. "공장에 전화해 보고 사람들한테 물어물어 찾아갔어. 어떻게 그걸 했나 싶어. 나도 참 대단해."

공공근로를 한 적도 있다. 글씨가 서툰 엄마 대신 동사무소 직원이 서류를 써 줬다. 둑에서 돌을 골라내는 일이 엄마의 새 업무였다. 하루 종일 밖에서 흙 만지는 일을 하고 돌아온 엄마의 신발엔 진흙이 잔뜩 묻어 있었다. 양말에 자주 구멍이 났고, 부어오른 발에선 고릿한 냄새가 났다.

공공근로 일자리에 모인 사람들은 30대 후반이던 엄마보다 나이가 훨씬 많았다. 같이 일하던 할머니가 유독 텃세를 부렸단다. 봉고차를 타고 근무지로 이동하던 중 그가 잘못 닫은 문에 손가락을 찧었다. 그때 다친 세 번째 손가락은 지금도 잘 굽혀지지 않는다.

　안산역 인근 상가 청소 일자리를 구했다. 업무 범위는 공장 내부와 화장실과 계단 청소, 근무 시간은 아침 10시부터 오후 2시, 급여는 43만 원이었다. "하는 동안은 아무도 타치 하지 않으니까." 엄마에겐 사람에게 볶이는 것보다 화장실 청소 일이 나았다. 이 상가에서는 6개월을 일했다. 혼자 할 수 있는 일이라 엄마는 청소 일을 좋아하게 된다. 이후 엄마는 청소부로만 20년 넘게 일한다.

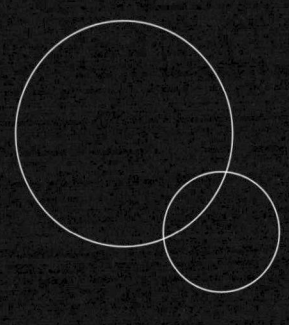

두브로브니크에서 아드리아해의
새카만 바다에 몸을 던지며
여행 가이드북에 적혀 있던
'사이다 같은 물,'이 온몸에 닿아 오던 순간,
나는 내가 세상에 태어날 수 있게 한
모든 행운에 감사했다. 엄마와도 목표 없이
낭비하는 시간을 보내고 싶다.
물 잡는 기쁨을 나누고 싶다.

오춘실의
가을

2023년 마포

"사람 없어 좋다."

> 그러니까 무엇에 꽂혔는가 하면, 복지회관을 나서는 사람들의 얼굴이 지나치게 화사하고 맑았다는 점이다. 회관을 나서는 수백의 사람들 중 단 한 명도 개운한 얼굴을 하지 않은 자가 없었다.
>
> _ 이두온, 《러브 몬스터》, 창비, 2023

9월 초는 회원 '손 바뀜'이 있는 달이다. 여름휴가를 앞두고 6월경 수영장에 등록한 초급 회원들이 평영 발차기에서 위기를 맞아 3개월 회원권 만기 후 재등록을 포기하면 딱 9월이다. 날이 서늘해지고 추석 연휴와 한글날이 지나면 마음이 약해진 회원들은 점차 수영장 가는 걸 잊고 연말 약속을 잡는다.

이렇게 그해의 신입 회원들이 사라지면 남는 건 결국 1년씩 회원권을 반복해 연장하다 본인 회원권 마감일도 잊어버린 장기 회원들뿐이다. 여름의 흥분이 지나가면 가을 수영장은 차분해진다. "사람 없어 좋다." 입수 전 전망대에서 레인을 내려다보며 엄마는 가을을 기쁘게 맞이한다.

수영 실력이 늘자 엄마는 여러 방면에서 차차 나아졌다. 중력의 세계를 벗어나 부력에 몸을 맡겼다. 300m쯤 배영을 하고 나면 몸이 쭉 펴져서 허리가 덜 아픈 것 같다고 그랬다. 허리가 아파 구부정하게 서 있곤 하던 자세가 통증이 줄어들며 반듯해졌다. 내가 좁은 시야로 숫자만 보는 동안 엄마가 좋아졌다는 걸 알아챈 건 오히려 다른 아줌마들이었다.

"처음 왔을 땐 뚱해 있었는데 말문도 트이고 얼굴이 아주 즐겁게 됐어."

엄마는 굽었던 허리를 꼿꼿하게 펴고 나붓나붓 걸었다. 10kg 이상 체중이 줄어 옷태가 달라졌다. 체중계에 자주 오르고 거울을 자주 봤다. 내가 모르던 엄마였다.

엄마는 수영장에서 여러 해를 보냈다. 한 해가 지나면 엄마는 더 가벼워진 몸으로 수영장 탈의실에 출석했다. 아줌마들은 외모 칭찬을 거리낌 없이 했다. "살이 좀 빠졌나벼?" 위아래로 훑는 시선이며 품평하는 말을 엄마는 흡족하게 받아들였다. 친한 아줌마를 만나면 벌거벗은 채 껴안고 뱃살을 쥐는 건 우리 엄마도 마찬가지다. 다 같이 선을 넘나들어서 아무도 무례하지 않았다.

"엄마 오늘 좀 이쁘네?"

"에뻐?"

엄마는 예쁘다를 에쁘다로 발음했다. 처음엔 "에쁘긴 뭘 에뻐" 하고 무뚝뚝하게 대꾸하더니 어느새부턴가 "에뻐?" 하고 반문했다. 몸무게가 줄면 좋아하고 늘면 서운해했다. "밥 먹고 와서 그러지." "원래 짠 거 먹으면 부어." 내가 적당한 이유를 만들어 내면 "그렇지?" 꼬인 데 없이 금세 기분이 좋아졌다.

퇴직과 척추 골절과 팬데믹을 거치며 엄마는 점점 살이 쪘다. 의사에게 "살 빼세요"라는 경고를 듣고 올 때마다 엄마는 "빠져야 말이지" 하고 투덜댔다. 고등학교 청소 일을 할 때 엄마는 점심시간에 성장기 청소년을 위해 고칼로리로 구성된 학교 급식을 최대한 많이 먹었다. 그렇게 먹어 두지 않으면 억센 일을 몸이 버티지 못했다. "점심에 허전하게 먹으면 끝날 때까지 밥 못 먹으니까. 허기질까 봐."

아무 때나 먹고 싶은 만큼만 차려 먹어도 되는 백수 생활에 적응하면서 엄마는 식사량을 차차 줄였다. 분해서 잠 못 자는 일이 없는 평화로운 은퇴자의 생활엔 전처럼 정제 탄수화물이 필요하지 않았다. "일할 욕심으로 먹은겨." 예전 식습관의 이유를 깨달았을 즈음엔 지퍼를 잠그지 못했던 바지가 여유 있게 맞을 정도로 살이 빠졌다. 운동하는 재미를 맛본 엄마는 영법을 쉴 때도 수영장 벽을 쥐고 짧은 다리로 파닥대며 발차기 연습을 했다.

수영을 하고 나오면 미뤄 뒀던 땀이 화산 터지듯 폭발했다. 목이 마르면 집에 가는 길에 벤치에 앉아 편의점에서 산 바나나 우유 하나를 마시고, 가자마자 깊은 잠을 잤다. 코를 고는 엄마의 이마를 짚어 보면 따끈따끈했다. 꿈도 안 꾸고 깊게 잠든 날 아침에 엄마는 "잘 잤어?" 물으면 "죽어 잤슈" 너스레를 떨었다.

적게 자주 먹고 오래 자면서 볼에 혈색이 돌았다. 오래 입은 수영복은 늘어나기 마련인데도 조금 헐겁게 들어갈 참이면 "살이 좀 빠졌는갑다?" 하고 즐거워했다. 그럴 때 엄마는 천생 여자였다.

청계피복노동조합에 소속된 '시다'들의 투쟁을 다룬 영화 〈미싱타는 여자들〉의 포스터는 배경의 화사한 산호색이 눈을 사로잡는다. 이 영화는 그 시절의 빛나던 얼굴을 그림으로 옮기는 자화상 작업 장면으로 시작된다. 화가 노석미와 함께 이 작업을 하며 한때의 전사들은 하나같이 채도가 높은 물감을 선택한다.

출연자 임미경은 "제가 사실은 여성스러워요. 여성스러운데, 청계에 있을 때, 소위 말해 노동운동을 할 때는 그야말로 깡패였어요"라고 말하며 연분홍색을 선택한 이유를 설명한다. 엄마 또래인 전사들이 선택한 빛깔은 연두색, 노란색, 연분홍색. 하나같이 엄마가 좋아하는 색깔이고 엄마가 수영복으로 입었던 빛깔이다. 시다였던 그들도, 시다 보조였던 엄마도 같은 빛깔로 여성스러워지고 있었다.

덧신을 신고 걷기 운동을 하는 할머니는 아들이 탤런트라고 자랑스럽게 말했다. "그분 진짜 멋있는 분이잖아요" 하고 아는 척을 하자 할머니가 반가워했다. 우리 엄마보다도 조그마한 몸으로 노동을 해 아들을 키우느라 고생을 많이 했다는 그 할머니는 훤칠한 아드님과 입매가 꼭 닮았다. 할머니와 엄마는 수영장 벽에 붙어 자주 속닥거렸다. 아마 엄마도 "우리 딸 서울대 나왔어요"를 또 했을 것이다. 엄마들은 합을 짠 것처럼 자식 자랑을 주고받곤 하니까.

할머니는 수영장 사우나에서도 덧신을 신고 있었다. 다른 할머니들은 그런 할머니를 치켜세웠다. "이 언니는 천생 여자야." 할머니는 자랑스럽게 덧붙였다. "난 맨발로 다니는 일이 없으니까."

할머니가 양말을 벗을 때는 샤워할 때뿐이다. 우리 엄마는 크게 말하고 크게 웃는 편이라 그 할머니의 조심스러운 몸가짐을 가리켜 "저 할머니는 진짜 양반이셔" 하고 부러워했다. 엄마는 답답한 걸 못 참아서 여름에는 슬리퍼를 즐겨 신었다. 사우나에서도 덧신을 신는 할머니의 여자 지수가 위스키 도수 정도라면 우리 엄마 여자 지수는 이슬톡톡이나 될까. 회사도 맨발에 슬리퍼 차림으로 다니는 나는 제로맥주 여자다.

수영의 몇 안 되는 단점 중 하나는 소독한 물 때문에 머릿결과 손톱이 약해진다는 것이다. 손톱 부러지는 게 싫은 할머니들은 매니큐어를 발랐다. 어떤 손톱은 네일숍에서 공들여 다듬은 티가 나는 우아한 디자인이었고 어떤 손톱은 직접 바른 듯 소박한 모양이었다. 덧신 할머니는 파츠까지 정성스럽게 올린 화려한 빛깔 손톱을 뽐내며 물을 잡았다. 엄마도 수영장 가기 전엔 매니큐어를 다시 칠했다. 좋아하는 살구꽃, 라일락 빛깔로 반짝반짝 손톱이 피어났다.

2023년 마포
"행복이 별건가요."

> 사람들은 왜 물가에 가면 곁에 있는 이에게 조금 더 다정해지는 걸까.
>
> _ 임선우, 〈오키나와에 눈이 내렸어〉《초록은 어디에나》, 자음과모음, 2023

수영복만 봐도 수력을 알 수 있다. 수영장에 처음 오는 사람들은 대개 검정색 반신 수영복을 입고 있다. 각자 자기 수영을 하느라 서로의 몸을 볼 여력이 없다는 걸 깨닫거나 니나 내나 같은 몸이니 새삼스러울 것도 없다는 걸 받아들이고 나면 사람들은 자기 취향의 수영복을 찾아내기 위해 타이백(등 뒤에서 끈을 묶는 디자인), 미들컷(엉덩이가 절반 정도는 드러나는 디자인) 같은 단어를 내 몸에 얹어 보며 수영복이라는 물욕의 세계로 다이빙한다.

엄마가 맨 처음 입어 봤던 수영복은 검고 밋밋한 중고 수영복이었다. 안산시 홈플러스 매장에서 팔던 중저가 스포츠 브랜드의 특색 없는 수영복이었다. 어엿한 회원이 된 후 이제 엄마 몫의 수영복이 필요해졌다.

살이 찌는 바람에 못 입게 된 내 수영복을 엄마가 물려 입었다. 엄마는 모노 톤 줄무늬 나이키 수영복을 입다 분홍색 배경에 민트색 테두리가 있는 아이스크림 무늬 수영복으로 옮겨 갔다. 행성 무늬 보라색 수영복은 좀처럼 엄마 선택을 받지 못했다. "할머니가 시장에서 항상 검정 옷, 곤색 옷만 사 와서 나는 침침한 옷이 싫어."

수영복을 안 가져와서 수영장 로비에서 급하게 산 피에르가르뎅의 민화 무늬 수영복이 엄마가 처음으로 고른 자기 수영복이다. 하늘색 수영장 바닥 위에서 엄마의 빨갛고 노란 수영복은 빛을 발했다. 수영복은 과하면 과할수록 멋졌다. 앵무새 깃털 색깔 수영복을 입고 엄마는 팔목에 두른 금붙이를 휘두르며 활기차게 물을 갈랐다. 새 수영복이 생긴 엄마는 유독 즐거워했다.

그 후 엄마는 다른 사람의 수영복을 눈여겨보기 시작했다. 해외 직구로 희귀한 수영복을 사는 회원들의 화려함을 알아봤고 엄마 또래 회원이 입은 라일락꽃 수영복이며 선수처럼 수영을 잘하는 사람들이 입는 형광색 나이키 하이컷 수영복 등을 발견했다. 그렇게 엄마에게도 취향이 생겼다.

1년을 입으면 보통 수영복이 닳았다. 은희 언니, 이주 언니, 현선이랑 매해 생일을 챙기기 시작하면서 생일마다 서로에게 어울리는 수영복을 선물했다. 아레나에서 출시한 노란색 바나나 무늬 수영복을 선물 받은 해에 엄마 몫으로 연두색 청사과 무늬 수영복을 샀다.

"서수남과 하청일 같다야."

키도 몸집도 큰 나와 키와 몸집이 작은 엄마가 세트로 과일 바구니처럼 움직였다. 우리의 수영복은 특히 아줌마들에게 인기가 좋았다.

"아휴, 사과가 만 원에 몇 개야?"

친한 아줌마의 익살에 엄마는 수영복의 과일 무늬 개수를 세어 보았다. 사과는 앞면에만 47개가 있었다.

"과수원 좀 갔다 왔슈."

농담을 하며 낄낄 웃는 얼굴이 좋았다. 엄마는 연두색 사과 무늬를 두르고 뒷걸음질로 계단을 내려와 입수했다.

사과와 바나나 수영복을 입기 시작한 이래 엄마를 알아보는 사람들이 늘었다. 엄마는 동년배 회원들과 눈인사를 하며 수영장에 녹아들었다. 엄마와 2022년의 수영장을 누빈 사과 수영복은 낡아서 2023년 르망고에서 출시한 분홍색 글리터 수영복과 교대할 때까지 제 임무를 다했다.

"수영복 어디서 샀어요?"

"아레나요."

"신촌 아레나엔 이렇게 이쁜 게 없더라고. 지난번에 세일한다고 해서 갔는데 컴컴한 것만 있어."

인터넷 쇼핑에 익숙지 않은 할머니는 예쁜 수영복을 살 수 없어 서운한 눈치였다. 팬데믹 이후 팝업이 유행하며 한정판 수영복은 젊은 사람이 사기에도 난이도가 높아졌다. 예쁜 옷을 입고 싶은 마음은 나이가 들어도 다르지 않은데, 방법을 몰라 사지 못하는 사람들이 있다는 게 속상했다.

일주일에 세 번 세상 옷을 벗고 수영복을 입었다. 벌거벗고 선 우리는 틀림없이 체형까지 똑 닮은 모녀였지만 혈

중 여자 농도는 서로 달랐다. 여자 직장인으로 오래 지낸 나는 내가 여자인 게 조금도 자랑스럽지 않았다. 화가 많거나 신경이 예민하거나 심장이 빠르게 뛰거나 숨이 안 쉬어지거나 눈물이 자꾸 나는 내 '여성스러운' 특징들은 하나같이 내가 좋아하지 않는 일면이었다. 엄마 말버릇 중에 "여자로 태어난 게 죄지"가 있는데 나는 그럴 때마다 "엄마 죄인 낳았어?" 하고 말대답을 했다. 엄마는 항상 못 들은 척했다.

과장님이 여자니까 과장님이 회사를 계속 다니시라, 남자인 내가 그만두겠다. 갈등이 최고조에 이르렀을 때 관리자가 한 말이었다. 그때 처음으로 사회에서 내가 여전히 여자였다는 걸 깨닫게 됐고 소스라쳐 정신병이 한결 깊어졌다. 내 안의 여자가 새어 나오지 못하게 얽어매고 가혹하게 대한 사람은 그 누구도 아닌 나였다. 내가 여자였다니. 굶어 죽지 않는 것만 생각하느라 여자가 무엇인지는 신경 쓸 새가 없었다.

엄마는 나를 낳은 스물여섯 살부터 60대까지 계속 아줌마라는 신분에 머물렀다. 아줌마는 엄마에게 가장 익숙한 호칭이다. 엄마는 자기 자신이 아줌마라는 것을, 모두와 똑

같은 아줌마라는 것을 좋아했다. 스스럼없이 서로를 아줌마라고 정답게 부르는 아줌마 세계의 평등한 품에 나도 슬쩍 파고들었다. 술만 먹고 잠을 못 자서 얼굴이 붓고 살이 찌고 머리가 빠져 어중간한 중년 여자가 된 나도 그렇게 아줌마들로 가득한 사우나 의자에 끼어 앉았던 것이다. 어떤 사람들은 격하하고 싶은 의도를 담아 아줌마라는 호칭을 쓰기도 하는 모양인데 순순히 자진해 아줌마가 되는 건 엇나가는 걸 좋아하는 내겐 또 하나의 해방이었다.

"아줌마가 저기로 갈게요."

같은 레인에 섞여 수영하던 어린이들에게 스스로를 아줌마라고 부르며 말을 걸 때 나는 자유로웠다.

"엄마는 춘실이니까 열매 수영복 입어야지."

사과 수영복 시절 이후에도 엄마는 과일 나라에 살았다. 2023년엔 분홍색 수영복에 복숭아 무늬 후그 수모를 맞춰 썼다. 과도한 사우나로 홍옥처럼 붉어진 얼굴에 분홍 모자를 쓴 채 물에 동동 떠서 콩콩 뛰는 엄마는 계곡에 띄워 둔 백도 같았다. 짙은 녹색 에메랄드 목걸이까지 엄마가 착용한 모든 게 빛을 발했다. 2024년엔 헤이엄 여름 딸기 수영복을 열심히 입었다.

　수영장의 여자아이들은 걸그룹 노래를 따라 부르며 계절을 즐겼다. 탈의실에서는 뉴진스의 〈Hype Boy〉 춤을 추었고 어린이 풀에서 아이브의 〈I AM〉을 목청 높여 부르며 잠영 내기를 했다. (여자)아이들의 〈퀸카〉가 유행할 땐 수모 대신 두건을 두른 초등학생들이 와자지껄하게 떠들었다. '내일 내게 열리는 건 big big 스테이지'라고 외치는 아이들을 보면 마음이 일렁였다. 레트로한 디자인의 수경을 두른, 하나같이 분홍 공주인 저 아이들 역시 수영장의 주인공이다.

　수영하고 나오는 길에 엄마는 유독 기분이 좋았다. "행복하셔?" 물어보니 좋단다. 엄마는 뮤지컬 배우처럼 말에 음가를 실어 흥얼거리며 전진했다.

　"행복이 별건가요. 도마도 설탕에 재 났고 바람 불어 시원하고 씻어서 상쾌하면 그게 행복이지요."

　해마다 사진 속 엄마의 실루엣이 달라졌다. 50리터 쓰레기 봉지를 지던 어깨에 엄마는 이제 오리발을 얹고 걷는다. 수영장에선 과일이고 길에선 꽃인 엄마는 분홍 티셔츠에 보라색 잔꽃무늬 팔부 와이드 팬츠를 입고 걷는다. 엄마의 '꾸

꾸꾸'를 알아본 사람들이 인사하면 엄마는 그러려니 하고 마주 인사한다.

　엄마처럼 도드라지고 눈치 없는 색감의 화사한 옷과 함께 엄마는 걷고 헤엄친다. 내 장래 희망 역시 엄마 같은 여자가 되는 것. 여자인 게 아무렇지 않아질 때까지 나도 씩씩하게 흘러갈 것이다.

2002년 안산
"자존심으로 산 거야."

> 어떤 여자가 청소부의 정직성을 시험하려면
> 장미꽃 장식 재떨이에 잔돈을 담아 여기저기
> 놓아 두면 된다는 소문을 퍼뜨렸을 것이다.
> 그러면 나는 오히려 1센트짜리 동전 몇 개뿐
> 아니라 10센트짜리 동전도 하나 보탠다.
>
> _ 루시아 벌린, 《청소부 매뉴얼》, 공진호 옮김,
> 웅진지식하우스, 2019

희망찬 2000년대가 밝았다. 한국은 2001년 구제금융 체제를 조기 졸업했지만 한번 잃어버린 것들이 다시 돌아오는 일은 없었다. 콜라 2리터를 벌컥벌컥 마시곤 하던 아빠는 당뇨병 진단을 받았다. 엄마는 여전히 대우가 나쁜 일자리를 전전하며 노란 얼굴로 걸레를 빨았다.

어른이 되기 직전 3년이 내게도 가장 힘든 시간이었다. 너무 창피한 몇몇 사건은 잊어버렸다. 가출한 아빠를 잡으러 경마장에 갔던 일이며 빚쟁이가 집으로 찾아와 창문으로 주황색 플래시 불빛을 비췄던 일 같은 것들은 기억나지만 아빠의 당뇨 진단 문서를 가져가 수업료 면제를 받아 온 일은 기억나지 않았다.

"엄마, 난 왜 기억이 안 나지?"

"잊고 살아야 편하잖!"

정작 엄마는 겪은 일을 자세하고 정확하게 기억했다. 나는 그런 엄마가 나보다 훨씬 용기 있는 사람이라고 생각한다. 나는 차마 누구에게도 말하지 못한 집안 사정을 엄마는 수영장 사우나에서 벌거벗은 채로 시원하게 잘도 털어놓았다. 엄마가 우리 남편이 경마를 한다고 하니 다른 할머니는 자기 남편이 화투로 집을 잡아먹혔다고 말해 줬단다. 우리 가속이 겪은 불행은 한국 사회의 보편적인 불행과 다르지 않아서 털어놓고 나면 별것도 아니었다. 한참 수다를 떨고 개운해진 얼굴로 엄마는 사우나에서 나왔다.

엄마는 쉬지 않고 일했다. 나는 옷은 물려 입고, 문제집은 교사용을 얻어 보고, 학원도 다니지 않아 돈을 거의 쓰지 않았다. 아빠가 도박을 한다는 건 너무 창피한 일이라 어려운 티를 내지 않으려 노력했다. 가난하다는 사실보다 가난한 이유가 더 부끄러웠다.

있는 척을 하는 건 아빠도 나랑 비슷했다. 아빠는 여전히 남의 시선에 너무 신경을 썼다. 내가 하고 다니는 모양새가 보잘것없어서 사람들이 나를 우습게 보는 거라고 했다. 모양새로 남을 판단할 정도의 사람이면 그런 사람 눈에 잘 보이고 싶지도 않다는 게 내 주장이라 부모님과 집을 합친 후 한동안 아빠와 부딪쳤다.

아빠가 늘 창피함을 견뎌 왔다는 걸 알게 된 건 같이 살고도 한참을 지나서다. 정신병에 걸린 후 나는 바닥에 고여 있는 게 무엇인지 알고 싶어 점점 더 깊은 곳을 파내게 되었다. 아빠 얼굴에 난 흉은 고아원에 있을 때 독지가의 도움으로 수술을 받았던 흔적이라는 것. 고아원에서 나오게 됐을 때 대전역에서 인신매매단에게 속아 옥천에 끌려가 머슴살이를 했던 기억. 쌍둥이라고 학교 친구들이 놀릴 때면 형과 저만치 떨어져서 쭈그려 앉아 돌멩이를 만지작거리던 시간. 그런 것들을 알게 된 후 솔직하게 살지 못한 아빠의 마음을 알게 되었다. 나 역시 비슷한 이유로 내가 가난하다는 사실을 숨겨 왔으니까.

아빠에게도 사정이 있었다는 걸 조금 더 일찍 알았으면 덜 병들었을 것 같다. 아빠가 미우니까 최대한 아빠와 반대 방향으로 열심히 했다. 게으름 피우지 않고, 정정당당하게 일한 만큼 돈을 벌어 분수에 맞게 아껴 쓰는 사람이 되고 싶었다. 일확천금 바라는 마음을 미워하느라 나는 복권조차 사질 않았다.

50대에 접어든 병든 아빠는 이제 전처럼 노동할 수 없었다. 한때 80kg까지 나가던 체중이 당뇨 발병 후 50kg 초반으로 줄었다. 전처럼 쉽게 재취업하지 못했고 점점 조건이 나쁜 일자리로 옮겨 갔다. 이제 아빠를 뽑아 주는 회사는 노조가 없고, 사대보험 적용을 하지 않고, 월급을 제날짜에 주시 않는 곳밖에 없었다.

아빠는 무시당한다는 감각에 예민했다. 야근과 새벽 출근을 마다하지 않고 지각 한번 하지 않고 손바닥이 벗겨질 정도로 무리하며 맡은 일을 해내다가도, 싫은 소리를 한번 들으면 금세 직장을 때려치웠다. 재취업엔 점점 시간이 오래 걸렸다. 그 기간 동안 생활비를 버는 건 엄마 몫이 됐다.

아빠의 실직 기간이 길어져서 엄마는 생계를 위해 더 무리해야 했다. 24시간 영업하는 찜질방에 청소 자리가 났다. 주간 근무를 하면 한 달에 80만 원, 야간 근무를 하면 90만 원을 받을 수 있어 엄마는 야간 청소를 했다. 화장실과 수면실과 홀을 12시간 동안 청소하면 초주검이 되어 집에 왔다. 기절하듯 자고 일어나서 세탁기가 있다는 것에 감사해하며 빨래를 하고 밥을 차려 먹고 나면 다시 출근이다. 엄마 얼굴은 일요일에나 볼 수 있었다. 엄마는 그 돈으로 쌀을 사고 라면을 사서 한 달을 버텼다.

야간자율학습이 끝나고 집에 오던 길이었다. 어두운 골목길을 지나 집으로 가려는데 검은 손이 튀어나와 내 몸을 뒤로 넘어트렸다. 취한 목소리와 강한 악력, 협박하는 음성은 꿈을 꾸는 것 같았다. 진짜 세게 눌리면 목구멍에서 비명이 나오지 않는다는 걸 그때 처음 알았다. 전에도 사고로 죽을 뻔한 적이 있어서 나는 이게 그때 그 느낌이라는 걸 알았다. 억억대며 엎드린 채 발을 굴렀다.

"거기 뭡니까!"

지나가던 아저씨가 도와준 덕분에 범인은 순식간에 도망가 버렸다. 목이 졸린 자리엔 손자국이 깊게 남아 오래 사라지지 않았다.

다른 친구들은 자율학습이 끝나면 일사불란하게 학원 차를 타고 갔다. 내가 어두운 밤길로 혼자 다니는 것도 돈 없는 우리 집 탓인 것만 같았다. 나는 엄마에게 투정을 부렸다.

"엄마, 제발 밤에 집에 있으면 안 돼?"

야간 근무를 해야 10만 원을 더 받을 수 있어서 엄마는 내 말을 들어줄 수 없었다.

찜질방 청소부로 같이 일하던 중국 국적 직원이 비자 문제로 갑자기 출국한 데다가 주 5일제도 시작되어 3교대로 근무 시간이 조정되었다. 12시간 야간 근무에서 8시간 주간 근무로 일이 편해셨는데도 엄마는 이 찜질방을 그만두게 됐다. 스케줄이 바뀐 후 같이 일하게 된 여사님이 문제였다. "그분 까다로우신데." 경고해 준 다른 사람 말대로 엄마는 손이 느리다고 매일 볶이다 두 달 만에 그만뒀다.

가정부로 일한 적도 있었다. 집이 64평에 아이가 셋이라

일이 많고 고용주가 까다로워 사람이 자주 바뀌는 자리라고 했다. 중학교 때 우리 반이던 아이가 그 아파트에 살았다. 그 아이도 나처럼 외동이었는데 집에 방이 네 개라 방 하나는 앵무새가 쓴다고 했다.

가정부 일을 하며 엄마는 석 달 동안 100만 원을 받았다. 석 달 근무 이후 120만 원으로 급여를 올려 주기로 했다. 고용주인 그 집 사모는 급여 면담을 하며 엄마에게 집에서 물건이 없어지는 것 같다고 "집사님, 앞으로 우리 집 물건에 손대지 마세요"라고 했단다. 엄마는 그 말에 또 화가 차서 일을 그만뒀다.

"칫솔을 훔쳤다고 하잖아. 자기네 치과에서 사은품으로 주는 거."

엄마는 몸이 힘든 일은 잘 참았지만 마음이 억울한 일은 참지 않았다.

"자존심으로 산 거야."

엄마는 고생한 얘기를 하면서 말끝마다 이 얘기를 붙인다.

"도둑질 말고는 먹고살려고 안 해 본 일이 없어."

그 집 부모들이 집에 없는 날엔 애들을 돌보고 재우느라 퇴근하지 않기도 했다. 큰 애들은 각자 방에서 재우고 세 살

배기 막내아들은 공부방에서 엄마가 안아 재웠다. 우리 엄마 품에 안긴 남의 집 아기는 금세 잠이 들었다.

"내 새끼 떼어 놓고 뭐 하는 짓인가 싶었지."

엄마가 남의 집에서 남의 아기를 안아 주고 있을 때 나는 아빠와 둘이 집에 있었다. 회사를 또 그만둬 버린 아빠는 비쩍 말라 퀭해진 눈으로 TV를 보고 있었고 자정쯤 집에 온 나는 그 얼굴만 힐끗 보고 바로 잠들었을 것이다.

몇 년이 지나 그 병원에 불이 났다는 소문을 들었다. "나한테 나쁘게 굴면 다 나중에 돌아가!" 엄마는 의기양양하게 말했다. 이런 심술궂은 믿음이 없었다면 엄마는 그 시간을 지나올 수 없었을 것이다.

고등학교 3학년 때 일이다. 엄마는 어머니회 전화를 받고 난감해하고 있었다. 학교 운영비를 내 달라는 전화였단다. 반 1등에서 5등까지, 각 가정에서 16만 원씩 갹출해 수업 시작 전 아이들이 먹을 간식을 사서 넣어 주자는 거였다. 엄마는 사우나 청소로 최대 90만 원을, 가정부로 100만 원을 버는 처지였다.

"뭐야. 내지 마. 돈 없어."

"그래도 되나."

"내가 알아서 할게. 내지 마."

우리 집은 제외하고 나머지 집에서 돈을 걷는 것으로 이야기가 정리된 것 같다. 어차피 반에 내 친구는 없어서 전후 얘기를 직접 듣진 못했다. 간식이 온 날 교실 공기가 이상하다고 어렴풋이 느꼈는데 실은 아무 일도 없었고 나 혼자 자격지심을 느낀 것일 수도 있다.

불쌍해지는 것보다 양심 없다고 욕먹는 게 나았다. 해명하지 않고 입을 꾹 닫고 단어장에 고개를 박았다. 이 교실에서 벗어나는 날만 바랐다. 수능시험 성적표가 나온 후엔 한 번도 학교에 가지 않았다. 생각보다 잘 본 수능 성적표 하나로 나도 남들처럼 살 수 있다는 꿈을 꾸기 시작했다. 소개로 과외 자리를 구했고 내 힘으로 돈을 벌 수 있게 됐다. 나는 교실에서 벗어나자마자 엄마의 세상에서도 벗어날 준비를 하고 있었다.

대학에 다니던 때의 일이다. 수업이 일찍 끝나 모처럼 오후에 안산에 도착한 날 충동적으로 엄마가 잠시 다니다 그만뒀던 극장에서 〈알 포인트〉를 봤다. 팝콘을 쓸고 콜라 캔을 담는 여사님은 기민하게 움직였다. 쉴 새 없이 들이닥치는 관람객의 동선을 분 단위로 파악해 쓰레기는 여기에 두면 된다고 가벼운 말을 건네며, 존재하되 보이지 않는 사람으로 극장 청결을 유지했다. 엄마와는 달리 능숙해 보였다. 엄마는 극장에서 한 달밖에 일하지 못했다.

극장을 그만두고 안산문화예술의전당 청소부 공고를 알아보던 참에 새 일자리가 났다. 용역에서 소개해 준 학교 청소 자리였다. 용역 봉고차를 타고 엄마가 도착한 곳은 내가 졸업한 바로 그 학교다.

나는 여전히 엄마가 청소 일을 해서 벌어 온 돈으로 월세를 내는 집에서 살았다. 운으로 들어간 좋은 학교가 모든 걸 바꿔 놓진 못했다. 나는 우선 엄마에게 눈을 감았다. 못 본 척하면 모르는 일이 될 수도 있었다.

신도시가 들어서면서 안산시에 신규 고등학교가 여러 개 생겨났다. 엄마 학교에 계시던 선생님 한 분이 승진을 해 새로 생긴 학교로 전근을 가셨다고 했다. 2014년 봄 엄마는 커다란 배가 바다에 가라앉는 뉴스를 보고 놀라 내게 전화를 걸었다. 그 배에 엄마가 아는 그 선생님이 타고 있었던 것이다.

"어떡한다니. 애들이 셋이나 되는데…… 애들이 아직 학교 다니는데."

엄마가 청소 일을 하던 학교에 그 선생님의 자녀들이 다니고 있었다.

"나한테 그 선생님이 참 잘해 줬는데…… 어머님 빨리 퇴근하세요, 제가 말씀드려 놓을게요 하고…… 좋은 사람인데 왜 그런 일이 생겼다니."

엄마는 놀란 목소리로 중얼거렸다. 선생님은 그해 진도에서 돌아가셨다.

엄마와 함께 올림픽 기념관에 차려진 분향소에 국화를 들고 줄을 섰다. 한 시간을 기다려도 우리 차례는 오지 않았다. 나는 엄마에게 잘해 준 그 선생님이 좋은 곳에 가시길 기도하며 울었다.

내가 안산을 떠난 뒤에도 엄마는 계속 그곳에 살았다. 그 배에 탄 사람들을 애도하던 사람들이 점차 입을 다물고 거친 말이 오가는 동안도, 사나운 문구가 새겨진 현수막이 지하철역에 걸렸을 때도 엄마는 그 역을 거쳐 나를 만나러 왔다. 엄마에게 잘못한 사람들을 잊지 않는 것처럼 나는 엄마에게 잘해 준 사람도 잊지 않는다. 잊지 않은 사람도 사나운 말을 듣고 있다고 가끔은 세상에 말하고 싶다. 그 배의 이름은 세월호다.

2023년 송파
"원래 첫술에 배부른 거 아닌겨."

> 하나 둘, 하나 두울 내가 멋져 흰 벽엔 앞차기
> 허공엔 뒤차기, 올바른 자세를 배워도 금세
> 틀어지는 몸뚱이가 나의 자랑이다
>
> _ 한연희, 〈태권도를 배우는 오늘〉《폭설이었다 그다음은》, 아침달, 2020

한강을 건너는 수영 대회가 있다는 건 이주 언니가 처음 알려 주었다. 2022년에 우리 수영장에서 '아현산악회'라는 이름으로 한강 크로스 스위밍에 단체로 참가하기로 했다. 사진작가인 드니 님이 아프리카에서 직접 찍은, 경중경중 뛰는 가젤 사진을 배경으로 단체 현수막을 만들었다.

대회 준비를 하는 사람들은 물고기 모양 서핑용 모자를

돌려 쓰며 헤드업 자유형을 연습했다. 옆 레인에서 배영 발차기를 연습하던 엄마도 산악회 멤버들을 따라서 모자를 써 보다 대회 참가자들과 친구가 됐다. 늘어난 딸들에게 인사하느라 엄마는 더 바빠졌다. 샤워하러 들어갈 때면 누가 있나 하고 샤워실 양쪽을 시합장에 입장하는 권투 선수처럼 둘러보며 왕처럼 걸었다.

그해의 대회는 치러지지 못했다. 유독 비가 잦은 해였다. 팔당댐 방류량이 많아 송파구에서 입수 허가를 내주지 않았다. 이날만을 위해 많은 준비를 한 산악회 친구들은 낙심했다. 살면서 너무 많이 실망해 본 엄마는 이 정도 일은 아무렇지도 않아 했다.

"원래 첫술에 배부른 거 아닌겨."

헤엄쳐 건너진 못했지만 걸어서는 건널 수 있었다. 엄마는 날갯짓을 하듯 덩실덩실 몸을 흔들며 잠실대교를 건넜다.

2022년 대회 참가권이 2023년으로 이월되었다. 지난 대회엔 경황이 없어 충분히 준비하지 못했는데 대회 직전에 엄마가 다쳐 수영장을 혼자 다니게 된 김에 제대로 연습해 보기로 했다. 제2롯데월드가 보이는 잠실대교 남단에서 건너편까지 헤엄쳐 분기점을 돌아 출발지로 돌아오는 게 대회 코스였다. 약 1800m를 헤엄치게 된다는 안내에 따라 한 시간 내에 2000m를 헤엄치는 걸 목표로 자유형으로 25m를 80번씩 반복해 돌았다.

숫자를 달성하는 게 전처럼 즐겁지 않았다. 나는 애플워치로 80랩을 채우는 숫자의 세계가 아닌 둥실둥실의 세계로, 얼렁뚱땅한 엄마의 세계로 가고 싶었다. 전처럼 뱅글뱅글 도는 게 별로 즐겁지 않다는 걸 깨달았고, 어느새 내가 달라졌다는 것도 알았다.

산악회 친구들은 천장에 붙은 스파이더맨처럼 수영장 바닥에 찰싹 붙는 연습을 했다. 몸에서 공기와 긴장을 덜어내고 부처님처럼 수영장 바닥에 앉아 보는 연습을 하기도 했다. 뜨는 것만큼이나 가라앉는 것도 쉽지 않았다. 꼬르륵 소리를 내며 표면으로 떠오를 때마다 비우는 것도 아무나 하는 게 아니구나 싶어 겸손해졌다. 몸 안의 공기조차 비우지 못하는 게 나였다.

첫 번째 대회와 두 번째 대회 사이 많은 일이 있었다. 적응장애는 스트레스 요인이 사라지면 6개월 내 나아진다고 했다. 내 경우 정확히 5개월 차부터 불면과 두근거림 같은 증상이 줄어들기 시작했다. 엄마랑 놀면 피곤해서 잠이 잘 왔다. 하루에 열 알씩 먹던 약이 자기 전 두 알로 줄었다. 개꼬리처럼 빈약하던 머리털도 어느새 다시 나고 있었다. 나는 만나는 사람마다 정수리를 들이밀며 "털 났슈!" 하고 엄마처럼 재롱을 부렸다. 이제 다시 수면 위로 떠오를 시간이었다.

"올해도 어머니 오세요?"

대회 전날 산악회 친구들이 엄마를 찾았다. 엄마한테 소식을 그대로 전해 줬다.

"친구들이 엄마 올 거냐고 하네."

"나 가도 돼?"

"사람들이 엄마 보고 싶은가 봐."

"애늘이 나 보고 싶대?"

엄마는 기뻐하며 꽃무늬가 자잘자잘한 분홍 원피스에 아빠가 사 준 밀짚모자를 챙겨 썼다. 참가자도 아닌데 준비 운동을 할 때는 뒤뚱뒤뚱 뻣뻣한 허리를 돌리며 같이 몸을 풀었다.

2023년 대회 날은 맑고 생기가 가득했다. 오리발을 쓰는 게 권장되는 대회였는데, 산악회 멤버 중 수영을 잘하는 사람들은 오리발을 안 쓰겠다고 했다. 우리 앞에 출발해 벌써 도착한 다른 수영 동호회 어르신들은 단체모를 맞춰 쓰고 환한 얼굴로 "오리발은 수영에 대한 예의가 아니지!" 하고 웃으며 지나갔다. '강서구 물개' 현수막을 맞춰 온 분들이 기념사진을 찍는 장면을 지나 중간 순서로 우리도 입수했다. 엄마는 어느새 관람석에서 가장 좋은 자리를 맡고 서서 출발선에 선 우리를 향해 손을 흔들고 있었다.

"저기 어머니다!"

은희 언니가 알려 줘서 엄마에게 손을 흔들었다. 엄마는 휴대폰 카메라로 우리를 열심히 찍고 있었다.

한강은 상상한 것과 달랐다. 물에 얼굴을 담그자마자 짙은 녹색 물빛이 시야를 가렸다. 바다 수영만 해 본 나는 민물은 청록 이끼색인 게 보통이라는 걸 짐작하지 못했다. 한강엔 우리가 모르는 기생충이 살아서 평소에 약국에서 살 수 있는 구충제가 아닌 별도의 기생충 약을 처방받아 먹어야 한다고 은희 언니가 알려 줬었다. 세상엔 아직도 내가 모르는 게 너무 많다.

엉겁결에 머리를 물 밖으로 빼고 자유형으로 헤엄을 쳤다. 헤드업 자유형을 제대로 해 본 건 이 대회가 처음이었다. 모든 수영장엔 초보들에게 끼어들어 수영 가르치기를 좋아하는 아저씨가(이런 분들은 대체로 대회 수모를 쓰고, 타이트한 수영복을 착용한다) 있는데 이분이 내 수영에 끼어들어 "만약에 걸프전이라면, 유조선이 침몰한 바다에서 헤엄쳐서 나와야 하는 상황이라면 무슨 영법을 쓰겠느냐?"고 퀴즈를 낸 일이 있었다. '제가요? 걸프전이요?' 반문하며 귀담아듣지 않았던 그 질문이 갑자기 떠올랐다. 녹색 한강 물은 기름이 둥둥 뜬 바닷물만큼이나 먹고 싶지 않은 물이라 고개가 절로 수면 밖으로 올라왔다. 정답은 헤드업 자유형이다.

한강 물에 잠겨도 사람은 그대로였다. 급하게 도는 바람에 분기점을 표시한 밧줄에 등에 매단 부이가 걸렸다. 밧줄에 대롱대롱 매달린 나를 뒤에서 느긋하게 헤엄쳐 오던 이주 언니가 구해 주었다. "효선아! 괜찮아?" 내가 흘리면 닦아 주고, 놓치면 잡아 주는 언니였다. "나 또 이러네" 하고 우리는 웃으면서 반환점을 돌아 같이 배영하며 슬렁슬렁 목표 지점을 향해 갔다.

성질 급한 아저씨 수영인은 중앙선을 지날 때 새치기로 헤엄쳐 가려다 나처럼 밧줄에 부이가 걸렸다. 무작정 힘으로 끊어 내려는 그 아저씨의 부이는 내가 풀어 주었다. 다른 사람을 차면서 다니는 무신경한 사람, 둥둥 떠서 하늘을 보며 망중한을 즐기는 여유로운 사람…… 한강에 풀어놔도 사람은 참 변하질 않는구나. 물에서 잘 살려면 일단 땅에서 잘 살아야겠구나 싶었다.

물 위에 누워 하늘을 보며 쉬엄쉬엄 헤엄쳤다. 제2롯데월드 유리벽에 구름이 비쳐 그림 같았다. "좀 더 천천히 가자!" 이주 언니가 누워서 웃었다. 차가운 물을 온몸으로 가르며 둥둥 떠 있자니 물고기가 된 기분이었다. 물에 누워 있길 좋아하는 엄마도 꼭 한 번은 이렇게 띄워 주고 싶었.

수영이 끝나고 메달을 하나씩 받았다. 엄마도 다른 친구의 메달을 빌려 목에 걸고 사진을 찍었다. 은희 언니, 이주 언니, 엄마, 나 넷이 서서 환하게 웃었다. 주황색 부이를 달고 헤엄치는 100여 명의 사람들 모습이 엄마 머릿속에 차곡차곡 잘 저장되었을 것이다.

"다음엔 엄마도 튜브에 태워 띄워 줄게."

"나도 계속하면 수영 더 잘할 수 있겠지?"

엄마는 뼈가 붙길 기다리며 날갯짓을 했다. 잠실의 오래된 아파트 단지들을 지나 우리는 성큼성큼 걸었다.

조성진 피아노 연주를 들으러 엄마와 전주에 간 적이 있다. 엄마는 조선시대의 전각 '경기전'에서 시멘트를 부어 상처 입은 나무를 지탱하고 있는 모습을 보고 "공구리 친 게 나랑 똑같네" 했다. 커다란 나무의 깨진 틈에서 엄마는 자기 자신을 발견했다. 나는 갈라진 마음을 항불안제로 메우고, 엄마는 금 간 뼈를 공구리로 붙인 채로 물에 눕는다. 우리는 회복되지 않은 채로 헤엄칠 수 있다.

사진작가 구본창이 해체된 광화문 누각을 찍은 '콘크리트 광화문' 연작도 엄마의 척추 같았다. 화사한 단청 안쪽 얼기설기 단면을 드러낸 콘크리트가 누각을 지탱한다. 훼손된 속살을 드러낸 채로도 지붕은 그 나름으로 존재한다.

정혜윤의 《삶의 발명》에서 돌고래 '오래' 이야기를 보고 나는 엄마가 이런 헤엄을 치길 바랐다. 돌고래의 추진력은 꼬리에서 나온다고 한다. 꼬리가 잘린 채 발견된 남방큰돌고래 '오래'는 생존이 어려울 듯하다는 관측에도 불구하고 "2019년에도, 2020년에도, 2021년에도, 2022년에도" 살아남아 모습을 드러냈다. 상하 추진력을 만들 수 없는 이 돌고래는 좌우로 몸을 흔들어 헤엄친다. 그는 "다른 남방큰돌고래처럼 빠르게 움직이지는 못해도 무리와 어울릴 수 있었다". 내가 엄마와 하고 싶은 수영은 엄마다운 수영, 바로 이런 수영이다.

2005년 안산
"내가 정말 대단한 사람이야?"

> "엄마를 모른다고?" 안메이 아줌마가 믿기지 않는다는 듯 탄식한다. "어떻게 그럴 수 있냐? 네 엄마가 네 뼛속에 들어 있는데!"
>
> _ 에이미 탄, 《조이 럭 클럽》, 이문영 옮김, 들녘, 2024

아빠는 일부러 학교 앞으로 차를 몰았다. 현수막이 교문에 걸려 있었다. 2004년, 내가 다녔던 고등학교에선 여섯 명이 서울대에 합격했고 그중 한 명이 나였다.

2005년 엄마는 내가 졸업한 그 학교에서 청소 일을 시작했다. 대학 생활에 단단히 홀린 나는 엄마가 일하는 직장이 어딘지도 모른 채 학교와 집 사이를 오갔다. '학원 한번 안

다니고 서울대에 입학한 나'라는 이야기에 스스로 취해 자신만 보느라 엄마를 볼 새가 없었다.

내 힘으로 번 돈을 손에 쥐면 전능한 기분이 들었다. 이제 얻어 온 옷을 입을 필요도 없고 가끔은 밥값을 낼 수도 있다. 1년 용돈이었던 돈을 한 달 과외로 벌 수 있었다. 사당에서 출발하는 안산행 막차를 타고 집에 가면 새벽 2시였다. 고학번이 될 때까지 나는 엄마가 어떻게 사는지 잘 알지 못했다.

"난 왜 엄마가 그 고등학교에서 일하는 걸 몰랐지?"
"내가 말 안 했으니까. 처음부터 알고 간 건 아니고 용역이 태워 준 대로 봉고차 타고 가 보니까 거기였어."
"그래도 어떻게 몰랐지. 그맨 같이 살기까지 했는데."
"네가 바빴지. 안산에서 서울까지 학교 다니고 엠티 다니고 과외하느라."

엄마가 그동안 일하던 곳이 내 고등학교라고, 담임 선생님이던 임 선생님과도 자주 본다고 스치듯 말했을 때 나는 당황스럽고 부끄러웠다. 대학생이 된 것 하나로는 바뀐 게 하나도 없었다. 우리는 여전히 월셋집에 살았고 엄마는 청소 일로 세 식구 생계비를 벌었다.

아직 나를 기억하는 선생님들이 많았다. 왜 하필 엄마가 거기서 일했을까. 창피했다. 더 오랜 시간이 지난 뒤엔 엄마가 내가 창피해할 걸 알고 말해 주지 않았다는 게 더 부끄러웠다.

그때 일을 물어보자 엄마는 기다린 것처럼 말문을 열었다. 고길동을 닮은 생물 선생님이 "효선이 어머님이나 나나 다 같죠. 나도 선생님 아니었으면 동네 아저씨예요"라고 말했던 것을, 동그란 안경을 쓰는 영어 선생님이 "효선이는 수업 시간엔 한 번도 안 졸고 수업 끝나야 바로 엎드려 자요"라고 말했던 것을, 임 선생님이 청소하는 엄마를 보고 주변 아이들에게 "너희 이분이 누구신지 알아?" 하고 씩 웃으며 지나가곤 했다는 것을 말해 주었다.

"임 선생님 결혼하실 때 축의금을 못 한 게 마음에 걸려."

학교 화장실 청소를 해서 한 달에 50만 원 벌던 엄마에게 축의금 3만 원의 여유가 있었을 리 없다. 가난은 때로 사람을 염치없게 만든다. 20년 전 일을 엄마는 아직도 부끄러워했다. 엄마가 창피해하는 건 이런 일들이다.

임 선생님은 내 동아리 담당 선생님이자 고3 담임 선생님이었다. 제주도로 가는 졸업 여행을 신청하지 않아 나는 면담 대상이 됐다.
"집에 돈이 없어요."
"그럼 그건 내가 내줄게."
"친구도 없어요."
고3 봄부터 갑자기 친구들과 멀어졌다. 그때 내겐 20만 원도 없었고 같이 방을 쓸 친구도 없었다. 빨리 학교를 떠나 아무도 나를 모르는 곳에서 새로 시작하고 싶었다. 오래 설득하던 선생님은 그제야 말을 멈췄다. 그때도 나는 모난 돌이었다. 내가 잊지 못하는 창피한 기억은 이런 것이다.

쓸쓸한 기억을 떠올리며 모처럼 선생님께 연락을 드렸다. 시간은 많은 걸 낫게 해 준다. 오랜만에 연락드리는 게 무색할 정도로 반갑고 정다운 대화가 오갔다. 대화 끝에 선생님은 이런 말씀을 해 주셨다.
"효선아. 나는 너희 어머님을 너보다 더 대단한 분으로 기억하고 있단다."

엄마에게 임 선생님 메시지를 읽어 주며 나도 모르게 울음이 터졌다. "왜 또 울어." 나는 원래 잘 울었다.

엄마는 그 후 가끔 되묻곤 했다.

"내가 임 선생님 말대로 정말 대단한 사람이야?"

크게 고개를 끄덕였다.

엄마와 처음 수영장 물에 몸을 담가 본 건 하노이에서였다. 호텔 야외 수영장엔 엄마와 나밖에 없었다. 수영장엔 BTS의 노래가 흘렀고, 서로 손을 맞잡은 우리는 레인의 끝에서 끝까지 점프하며 움직였다. 낡은 회색 수영복을 입고 레인 끝에 서서 양손으로 브이를 하고 있는 사진 속 엄마는 편안하고 즐거워 보인다. 짧은 베트남 여행 후 엄마는 다시 노동을 하러 갔고 나도 내 삶을 살았다. 목욕탕을 좋아하는 엄마가 수영장도 좋아하게 될 것을 그때라도 알았으면 어땠을까.

어른이 되어 내가 번 돈으로 해 본 약간의 낭비들은 생활에 윤기를 더해 주었다. 수영이 그랬고, 여행이 그랬다. 평생을 종종거리며 살아온 엄마에게도 낭비하는 시간이 필요하다. 늦게라도 엄마가 물에서 그런 시간을 보내길 바랐다.

두브로브니크에서 아드리아해의 새카만 바다에 몸을 던지며 여행 가이드북에 적혀 있던 '사이다 같은 물'이 온몸에 닿아 오던 순간, 나는 내가 세상에 태어날 수 있게 한 모든 행운에 감사했다. 저마다 계절의 아름다움을 좋아하게 된 건 수영을 시작하면서부터였다. 엄마와도 목표 없이 낭비하는 시간을 보내고 싶다. 물 잡는 기쁨을 나누고 싶다.

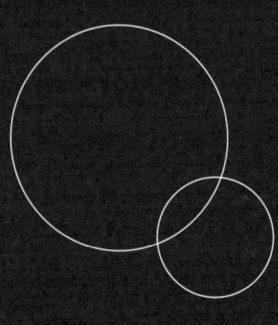

나는 변변찮은 여자 선배를
한 명도 알지 못했다.
오래 일한 여자들에겐 다
저마다의 곡절이 있었다.
그제야 좀처럼 비켜 주지 않고
당당하게 길을 막고 수영하는 할머니들이
왜 그렇게 좋았는지 알 것 같았다.
변변치 않을지라도 헤엄치고 싶다.
나도 꼭 길 막는 여자가 될 것이다.

오춘실의 겨울

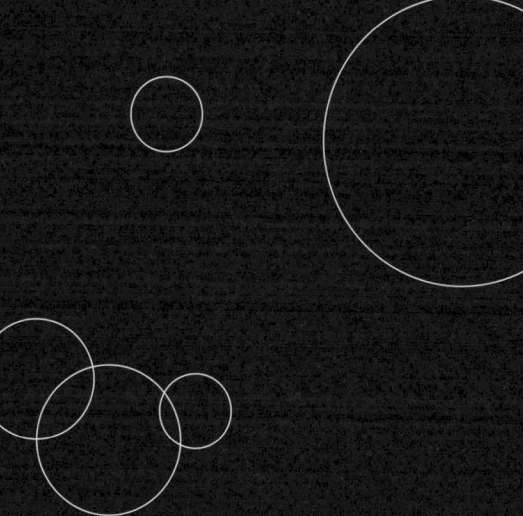

2024년 마포
"물에 떠다니면서 이 사람 만나고
저 사람 만나고 좋잖어."

> 시간이 흐르면 또 다른 사건이 우리 가슴에
> 유성처럼 떨어질 것이고, 그때마다 우리는
> 서로 소매가 엉킨 채로 걸어갈 것이다.
>
> 이서수, 〈엉킨 소매〉《젊은 근희의 행진》,
> 은행나무, 2023

어느 날 아침 꿈에서 깨어나 자신이 한 마리 벌레가 되었다는 것을 알게 된 인물이 있다. 카프카의 소설 〈변신〉의 그레고르 잠자는 벌레가 되기 전까지 영업 사원으로 일하며 가족을 부양했다. 잠자가 가장으로서 의무를 다하다 불현듯 곤충이 되었다는 이야기가 내가 가장이 되고서야 비로소 사무쳤다.

일은 좋고 사람은 싫었다. 책이 놓일 자리에 자기가 앉아 버리는 나르시시스트들은 지긋지긋했다. 더러워서 다니기 싫다고 투덜대다가도 먹일 입이 여럿이라 차마 그만두지 못하는 날이면 노래 가사를 흥얼거리며 회사와 집을 오갔다. '늙으신 부모님을 내가 모시고 에헤야 데헤야 노를 저어라.' 퇴근을 하고 수영장에 가면 노 젓는 처녀 뱃사공처럼 손바닥으로 물을 깊게 파내며 배영을 했다.

  떨어져 살던 11년 동안 엄마와 나는 자기 나름으로 일상을 운용했다. 부모님과 살림을 합치고서야 함께 산다는 게 생각처럼 쉬운 일이 아니라는 걸 알았다. 엄마는 내가 술을 너무 많이 먹는 걸 싫어했고, 나는 사십이 다 된 내게 그 정도 자유도 없다는 것에 반항했다. 한번은 배영 자세로 누운 채로 싸운 적도 있었다. "자꾸 그렇게 간섭할 거면 다시 따로 살아" 하니까 "그럼 나 다시 일 구해?" 하고 엄마 눈이 촉촉해졌다. 엄마는 그 상태로 25미터 배영을 완주했다.

  갈등은 오래가지 않았다. 일주일에 세 번 수영장에 가야 하니 일주일에 세 번은 화해할 기회가 생겼다. 한 주와 한 달이 빠르게 갔다. 주 5일만 술을 마시는 것을 목표로, 주 3일, 주 2일만…… 많은 사람의 도움과 걱정으로 자는 게 편해져 차차 술 마시는 횟수를 줄였다. 한 주에 한 번도 술을 먹지 않게 되었을 때 엄마는 비로소 나와 사는 것에 적응했다.

 잘하는 일만 하고 싶은 나는 잘하지 않아도 포기하지 않는 엄마가 신기했다. "나 같으면 귀찮아서 수영장 안 가겠구만" 아빠가 말하면 "얼마나 즐거운데!" 하고 대답했다. "수영하는 게 왜 좋아?" 물어볼 때마다 엄마의 대답이 바뀌었다. "즐겁잖어." "매력 있잖어." "물에 떠다니면서 이 사람 만나고 저 사람 만나고 좋잖어." 엄마는 물에 대각선을 그리며 남의 주로를 침범하며 나아갔다.
 친구들에게도 같은 질문을 던져 보았다. 이주 언니는 친구들을 보러 온단다. 현선이는 첫 바퀴를 돌고 나면 회사에서 힘들었던 일들이 싹 씻겨 나가는 것 같아서, 물속에서 아무 생각 없이 헤엄만 치면 되는 게 좋아서 수영장에 온단다. 은희 언니는 "나도 그 느낌이 좋아. 퇴근하고 수영장에 오면 오늘 하루 잘 끝났다 싶어. 물속에 있는 한 시간이 유일하게 아무 생각도 안 하는 시간이야. 활동적인 명상을 하는 기분이랄까. 몸에도 좋고"라고 수영을 좋아하는 이유를 늘어놓

앉다. 우리는 수영장의 좋은 점을 떠올리며 각자의 스트로크를 상상했다.

소리꾼 이자람은 마르케스의 소설을 바탕으로 판소리 〈이방인의 노래〉를 만들게 된 사연을 풀며 이 작품을 시작한다. 단편 〈대통령 각하, 즐거운 여행을〉은 쿠데타로 실각한 후 망명한 콜롬비아의 대통령이 수술 때문에 방문한 제네바에서 그를 알아본 콜롬비아 이민자 부부에게 밥 한 끼를 대접받으며 서로 연루되는 이야기이다. 이 짧은 소설을 읽고 낮잠을 잤는데 깨고서도 이야기가 마음에 잔잔하게 남아 있더란다. 소리꾼은 제네바 호수에 자신을 담가 헹궈 낸 듯했다며, 좋은 이야기가 다친 마음을 닦아 낸 순간을 묘사했다. 이 얘기를 들을 때 나도 그 호수에 다녀온 것 같았다. 우리는 수영장에서 지친 몸을 헹구고 다친 마음을 닦으며 나날이 새로워졌다.

"수영하면 어떤 게 좋으세요?"라는 질문을 탈의실에서 마주친 엄마 친구들에게도 여러 번 해 봤다. 크게 아픈 적이 있었다는 우리 엄마랑 동갑인 분은 "건강해지려고 수영하지. 폐에도 좋고 무릎에도 좋다잖아" 하면서 별걸 다 물어본다는 듯 웃으셨다. 엄마랑 교회 얘기를 자주 하는 전도사님은 기다렸다는 듯 이야기보따리를 풀었다. "나는 원래부터 물을 좋아했어. 고향이 바닷가거든. 진작 수영할 걸 아쉽지. 딸들이랑 이번 휴가엔 양양에 있는 리조트에서 여기서 배운 수영을 해 보고 왔어." 전도사님이 열여덟 살 때 처음 들어갔던 해수욕장부터 양양까지, 이야기만으로 나는 그 바다에 몸을 담근 것 같았다.

엄마는 가끔 "수영 가자!"는 말을 "목욕 가자!"라고 바꿔 말했다. 수영장을 목욕탕 비슷한 것으로 여기는 건 엄마 친구들도 비슷했다. 곧 휴장 시간이라 레인에 엄마와 나만 있을 때 엄마 친구들은 "독탕이다! 많이 해!" 하고 응원하면서 떠난다. 역사소설에나 나올 법한 '도탄'으로 알아들었다가 엄마가 해석해 줘서 독방 할 때 독, 목욕탕 할 때 탕인 것을 한참 뒤에 알고 껄껄 웃었다. 엄마는 목욕하는 기분으로 수영장에 오고 있었다. 엄마 친구들도 월 목욕 도장 찍듯 그렇게 물에 몸을 담갔다.

엄마가 혼자 25m 배영 질주에 성공한 날은 토요일 오후였다. 우연히 레인에 사람이 없었다. 찰나를 놓치지 않고 컬링하는 것처럼 엄마를 물에 띄웠다. 좌우로 느리게 움직이는 하체, 팔딱대는 발바닥, 날갯짓을 하듯 나긋나긋한 스트로크로 엄마는 용케 자기 속도를 유지하며 앞으로 나아간다. 어깨가 물에 잠긴 채 팔을 저으면 얼굴 위로 약간 물이 쏟아진다. 겁을 먹으면 손이 빨라진다. 나는 손만 뻗으면 닿을 수 있는 거리에서 응원하며 따라간다. 지금이라도 엄마를 잡아채고 싶은 조바심을 누른다.

"괜찮아! 안 무서워."

25m가 끝나 가는 것을 의미하는 두 번째 턴 깃발을 보고 엄마는 '아, 이제 됐다' 생각했단다.

"엄청 대단해!"

"이거야 뭐."

나는 엄청 기뻐했는데 엄마는 완주 후에도 무덤덤해 보였다.

《나는 옐로에 화이트에 약간 블루》의 주인공인 브래디 미카코의 아들은 일본 할아버지 댁에서 수영을 처음 배웠다. 후쿠오카 바다에 손자를 던지는 것으로 강습이 시작되었다. 나도 엄마를 물에 던져 놨어야 했다.

엄마를 차마 물에 빠트리지 못하는 내가 엄마가 나아가

는 걸 방해하는 것일 수도 있었다. 나는 좀처럼 엄마를 풀어놓질 못했다. 이주 언니도 알아채고 알려 주었다. "수영장 사람들이 다 엄마 좋아하고 반가워하는데 엄마 혼자 계시게 해도 돼." 엄마도 사람들에게 듣고 와서 대신 들려주었다. "일단 빠지면 그다음은 알아서 된대."

엄마가 물을 먹어 아플까 봐 걱정하는 게 아니라 나를 걱정하는 걸지도 몰랐다. 엄마가 선을 넘는 말을 할까 봐, 엄마가 누군가한테 매너 없는 아줌마로 찍힐까 봐. 수영장은 벌거벗는 곳이다. 이런 걱정을 한 나를 바로 보기로 한다. 엄마는 더 실수해야 한다. 내가 할 일은 엄마가 실수하지 않게 통제하는 것이 아니라, 실수한 엄마 옆에 같이 서 있는 것이다.

엄마는 배우지 않은 것도 혼자 해냈다. 발바닥으로 수면을 누르는 연습을 하던 엄마가 별안간 하체를 좌우로 돌리며 하는 사이드킥을 성공했다. "엄마 이걸 어떻게 알았어?" 하고 묻자 엄마는 "너 하는 거 보고 따라 했어" 한다. 엄마는 핫도그처럼 몸을 왼쪽 오른쪽으로 돌리며 뒤뚱뒤뚱 헤엄친다.

"손가락이 그렇게 벌어지면 물이 새 나가."

엄마는 심지어 내 수영을 지적하기까지 했다. 손가락이 벌어진 채 배영을 하면 물을 제대로 잡지 못해 속도가 느려진다. "관찰력이 좋은 아줌마셔!" 하니까 "그럼!" 하고 의기양양해진다. 엄마는 관찰하고 적용하며 계속 스스로를 갱신해 나갔다. 유유히 흘러가는 엄마는 바닷물에 동동 뜬 해달 같았다. 영원히 물에 떠 있을 수도 있다는 듯 태연한 표정이었다.

2024년 중구

"재밌게 살아. 인생은 재밌게 사는겨."

> 속절없이 한 여자가 보리를 찧고
> 해가 뜨고 해가 질 때까지
> 보리를 찧고, 그 힘으로 지구가 돌고……
>
> _ 최승자, 〈어떤 아침에는〉《기억의 집》,
> 문학과지성사, 1989

엄마는 정작 집 청소는 잘 하지 않았다. "다들 집에 가면 청소하기 싫대." 엄마는 잘 버리지 못하는 사람이었다. 다람쥐가 도토리 모으듯 끊임없이 쌓고 모으고 주워 왔다.

가정주부가 꿈이라던 엄마는 퇴직 후 집에서 6개월을 보내면서 비로소 스스로를 더 잘 알게 되었다. "집안일도 흥미가 안 나." 엄마가 있을 곳은 직장도 아니었고 집은 더더욱 아니었다. 반찬 만들기와 정리를 좋아하지 않는 엄마는 정년퇴직을 하고서도 노동을 멈추지 않았다. 폐품을 주우며 오가는 사람들의 사연을 수집했다.

"니 엄마는 눈앞에 소주병 하나씩 놔 주면 줍다가 부산까지도 걸어갈 거야."

아빠는 좀처럼 줍기를 멈추지 못하는 엄마를 이렇게 놀렸다. 헨젤과 그레텔처럼, 피리 부는 사나이를 따라가는 아이들처럼 엄마는 골목을 두리번대며 쓰레기를 따라 걸었다. 그런 엄마를 보면 톨스토이의 소설 〈사람에게는 얼마만큼의 땅이 필요한가〉가 떠올랐다. 하루 동안 걸어서 도달한 만큼의 땅을 주겠노라는 악마와의 내기에 응해 하루 종일 욕심껏 땅을 밟던 농부가 땅을 얻고 지쳐 죽었다는 슬픈 이야기다. 하루에 3만 보씩 걸으면서 엄마는 만 원을 벌었다. 식구의 복잡한 심사는 아랑곳하지 않고 "내가 노력 안 하면 누가 10원을 주냐?" 고물상에 갔다 오면 흐뭇해하며 그날 번 동전을 셌다.

폐지 수집 노인의 평균 연령은 76세, 하루 평균 5.4시간, 주 6일 일해서 월 15만 9천 원을 번다. '2023년 폐지 수집 노인 실태 조사'에 따르면 폐지 노인들은 이 일을 선호하는 이유를 폐지 수집이 익숙해서, 당일 현금 지급이라서, 혼자 일하는 게 좋아서 순으로 꼽는다. 사람에게 구속받는 걸 싫어하는 엄마는 특히 혼자 하는 일이라 이 일을 좋아했다.

엄마는 단가가 높은 소주병과 캔을 모았는데 박스를 모으는 사람들은 캔을 모으는 사람들을 지저분하다고 무시한다는 말을 듣고 깔깔 웃었다. 폐품 수집의 세계도 사람 사는 세계라 사람 스트레스를 아예 피할 수는 없는 모양이었다.

사람들이 생각하는 전형적인 폐지 노인의 이미지와 엄마는 잘 맞지 않았다. "젊은 아줌마가 직장 구하지 왜 쓰레기를 줍느냐"(남 명령 들으면서 일하기 싫다) "금팔찌는 진짜냐"(환갑 때 우리 딸이 사 준 18K 팔찌다) "폐품 줍는 주제에 돈 아깝게 무슨 카페에 앉아 음료수를 마시느냐"(목말라서 그런다) 같은 오지랖이었다. 엄마는 그 사람들에겐 대꾸하지 못하면서 집에 와서 씩씩댔다.

"내가 뭘 마시든 말든 뭔 상관이래!"

블루베리 에이드를 사 먹는다고 참견하는 사람들 때문에 엄마는 카페를 딱 끊어 버렸다. 예전엔 엄마가 특이한 사람인 걸 들키고 싶지 않았지만 이젠 이런 엄마의 이상한 일면이 사랑스럽게 느껴졌다. 쾨쾨한 냄새가 나는 고약한 소설을 볼 때처럼 엄마의 이상함에는 특유의 쾌가 있었다.

"성격 진짜 특이해" 말하면 엄마는 "너도 특이 나도 특이. 특이한 사람이 어울려 사는 게 인생이야" 하고 또 노래처럼 말했다. 엄마는 특이한 사람으로 사는 걸 멈출 생각이 없었다.

"물에 나랑 소주병(공병값은 100원이다)이랑 빠지면 소주병 구해 줄겨?"

"아무리 그래도 사람 구하자!"

아직 자유형도 못하는 엄마가 날 구해 주겠다고 약속하면 그래도 웃기긴 웃겼다.

2024년 한 해 엄마는 폐품을 주워 192만 원을 벌었다. 매일 달력에 적어 둔 그날의 수입을 모아 계산기로 셈하던 날, "좋수?" 물으니 엄마는 "흐뭇하지" 하고 대답했다. 영락없는 엄마 딸이라 나도 '디지털 폐지 줍기'라고들 하는 온갖 앱테크를 좋아했다. 걸음 수를 채우고 출석 버튼을 누를 때면 엄마의 기쁨을 조금 알 것도 같았다.

엄마는 한 푼 두 푼 모아 가끔 기분을 냈다. 빈 소주병을 모아 두었다가 엄마에게 주는 어르신들께 집에 있는 사과며 감을 가져다드렸다. 어느 날은 슈퍼 앞에 서 있다 아기 엄마한테 과자를 사서 건넸단다. "애기가 울어서 나도 그 맘 아니까 울지 말라고 사 줬지." 1200원은 엄마가 소주병 12개를 모아야 벌 수 있는 거금이다.

동네 미화 선생님들과도 엄마는 금세 친해졌다. 선생님들과 마주치면 엄마는 꾸벅 인사하며 말을 걸었다. 가끔 편의점에서 따뜻한 음료를 사서 드리기도 했다. "추운 거 나도 아니까 힘내시라고 사 드렸지." 그럴 때 엄마는 버스비도 아까워 걸어 다니는 그 구두쇠 같지가 않았다.

수영장 가는 길에 엄마는 그날 엄마가 잘한 일을 얘기해 주었다. 아파 보였다는 아기한테 붕어빵 사 준 얘기("너 먹고 싶니? 물어보니까 그렇대. 그래서 붕어빵 사 줬어")며 동네 청년한테 커피 사 준 얘기를 들으면서 우리는 수영장을 향해 갔다. 그 청년도 우울증이었단다.

"나도 울적한데, 말해 줬어?"

"우리 딸도 약 먹는다고, 이제 많이 좋아졌다고 했지."

"옛말 틀린 거 없수. 개똥도 쓸데가 있어."

된통 넘어진 사연도 언젠가 이렇게 소재가 되고 추억이 될 것이다.

엄마의 폐품 수집 취미가 소재가 되어 수영장 친구가 늘기도 했다. 베트남 휴가를 갔다가 사 왔다는 과자를 얻어먹은 것을 계기로 수영장 회원인 의진과 친해졌다. 엄마는 우리 중 가장 어린 의진을 '막내딸'이라고 불렀다. 시원시원하게 수영하는 의진은 "제가 엄마 끌고 갈 테니까 발에 매달려서 와 봐요" 하면서 엄마를 뒤에 달고 수영하기도 했다.

의진이 독립서점을 운영한다는 건 분홍모자 어머님을 통해 알게 됐다. "같은 책 파는 아가씨들이네"라는 말에 더 친해졌다. 의진은 알고 보니 환경을 중심으로 한 비영리 단체에서 '줍깅(플로깅)' 같은 활동을 하고 있기도 했다.

"우리 엄마도 쓰레기 주워서 재활용해요!"

이 공통점으로 우리는 또 연결되었다.

엄마가 폐품 수집 때 쓰는 핸드카가 망가졌다고 해서 새로 사 주기로 했다. 엄마는 이걸 생일선물로 해 달라며 좋아했다. 엄마는 자기보다 길쭉한 핸드카를 밀면서 바퀴가 새

거라 소리도 하나도 안 나고 너무 편리하다고 즐거워하며 씩씩하게 걸었다.

무거운 걸 나누어 들고 공병도 같이 팔다 나도 반쯤 엄마 일에 익숙해졌다. "일 그만두면 엄마처럼 폐품 하면 그만이야!" 따라다니면서 이런 말을 하면 엄마는 기겁을 하고 싫어했다. "사람들이 좋게 안 보고 무시해." 그건 아빠와 내가 엄마를 말릴 때 하던 말이었다.

"엄마는 하면서 왜 난 하지 말래."

"하지 마. 넌 나 죽어도 이거 하러 다니지 마!"

엄마는 "재밌게 살아. 인생은 재밌게 사는겨" 하면서 손에 또 뭘 들고 부산스럽게 저 앞으로 사라져 갔다. 엄마는 남의 눈에 맞추지 않고 자기 좋을 대로 살아서 지금 충분히 재밌어 보였다. 쓰레기도 치우고 재활용할 캔도 모으며 즐겁게 걷는 엄마의 길을 따라 걷고 싶다. 내가 일을 좋아하는 마음과 엄마가 쓰레기 줍기를 좋아하는 마음이 같아서 나중에 엄마 없이 혼자 살 때라도 딱 엄마처럼만 살면 되겠다, 했다.

2015년 안산
"걔도 사정은 있어."

> 나쁜 일이 파도처럼 밀려드니까 너무
> 힘들었지만 도망가지 않았어요.
>
> _ 경향신문 젠더기획팀, 《우리가 명함이 없지
> 일을 안 했냐》, 휴머니스트, 2022

 엄마는 학교 청소부로 15년 넘게 일했다. 첫 학교는 내 모교, 두 번째 학교는 집과 가까운 사립학교였다. 청소 일을 하면서 엄마는 활달하고 잘 따지는 사람이 됐다. "몰라. 막 가는 인생이다 했나 봐." 사는 건 여전히 보통 일이 아니었지만 엄마는 그 삶을 대하는 데 능숙해졌다. 엄마가 해 주는 얘기는 웃긴 게 많았다. 양호 선생님이 엄마가 글씨를 잘 못

쓴다고 무시했는데 체육 선생님이 그러지 말라고, 여사님 딸 서울대 갔다고 말려 줬단다. 엄마는 사람을 겪으며 삶을 다루는 법을 조금 더 알게 됐다.

청소는 엄마의 적성과 잘 맞는 일이었다. 엄마는 골똘히 들여다보는 일을 잘했다. 청소기가 잘 안 움직이면 가만히 들여다보고 재조립해 고쳤다. "딸이 엄마 닮아 똑똑한 거구만" 같은 소리를 들으면 어깨가 으쓱해졌다. 잘한다는 소리를 들으면 엄마는 더 꼼꼼하고 즐겁게 청소했다.

첫 학교에선 월급이 적다는 게 유일한 고충이었다. 엄마는 교감 선생님한테 하소연했다.

"선생님, 나 말할 거 있어요. 나 돈이 너무 적어서 이 일을 더 못 하겠어요."

용역 몫을 제하면 엄마가 받는 돈은 50만 원이었는데 학교에선 용역이 중간에서 그렇게 많은 돈을 제하는지 몰랐다고 한다. "알았어요. 우선 그만두시면 제가 다시 부를 테니 조금 쉬고 계세요." 엄마는 몇 달 쉬고 직고용으로 다시 취업했다. 월급도 70만 원으로 올랐다.

"거기는 화장실만 청소하면 만고땡이었어."

살면서 본 더러운 꼴이 하도 많아 엄마는 초토화된 화장실 정도는 두려워하지 않는다. 드물게 좋아하던 그 일자리를 엄마는 수술을 하느라 그만두었다. 병가가 없는 계약직이었다. "아프면 나간다고 약속했어." 엄마 자리는 바로 다음 사람으로 대체되었을 것이다.

집에서 가까운 사립학교 청소부 채용 공고를 발견한 엄마는 그 자리에 붙을 수 있길 간절히 바랐다. "기도 덕분에 붙은 거." 엄마와 다락방 예배에서 만나 친구가 된 영금 아줌마가 같이 기도해 준 덕분이란다. 엄마는 늘 그 일을 고맙게 여겼다.

엄마와 2인 1조로 일해야 할 동료 직원은 엄마보다 열 살쯤 어렸고 말투가 뾰족했다. 그러잖아도 이 직원과 불화로 앞에 몇 명이 그만두고 나간 자리였단다. "나이 차이가 많이 나니까 둘이 싸우지 않을 것 같아서 뽑았대." 엄마는 문제를 일으키지 않고 다니기 위해 평소 신조대로 좋은 게 좋은 거지 뭐, 하고 참았다.

"컴퓨터 할 줄 안다고 유세 부려" 하고 엄마는 직원에 대해 가끔 불평했다. 그 사람은 대학도 나왔고 운전도 할 줄 알고 컴퓨터도 할 줄 알았다. 자기 이름도 쓰기 어려워하는 엄마 대신 서류를 써 주기도 했단다. 잘 지낼 때도 많았지만 괴로울 때도 많았다.

"자기는 허리 아프다고 무거운 거 내가 들으래."

일을 떠넘겨서 쓰레기봉투 드는 일은 엄마 차지가 됐다. 결근과 지각이 잦아 대체로 엄마가 더 많이 일했다. 기숙사 청소까지 하느라 뛰어다니면서 일하면 발냄새가 난다고 또 그 직원이 구박을 했단다. 그렇게 일하면서도 엄마는 나름 대로 보람을 느꼈다. 엄마가 지지고 볶는 동안 나는 대학 졸업 후 취업해 집에서 독립했다. 엄마가 하는 하소연을 나는 귀담아듣지 않았다.

독립한 뒤엔 안산 집에 잘 가지 않았다. 대신 엄마가 서울로 왔다. 주말에 만나기로 한 주는 목요일부터 서울 갈 생각에 들떴었단다. 두 시간씩 지하철을 타고 안산으로 돌아갈 때 엄마가 무슨 생각을 했을지 떠올리면 마음이 아프다. 주말에 쉬지도 못하고 월요일엔 출근해 또 그 직원에게 달달 볶여야 했다.

아빠가 엄마 몸에 상처가 있다고 알려 줘서 엄마가 그

직원에게 맞기도 했다는 걸 알았다. "왜 말 안 했어!" 하니까 엄마는 "화낼까 봐 그랬어" 했다. 그 사람은 엄마가 자기 말을 잘 듣지 않으면 답답하게 행동한다고 꼬집고 때렸다고 한다. 시퍼렇게 멍든 자리를 사진으로 찍었다. 경찰에 신고하겠다고 파르르 날뛰는 나를 두고 엄마가 망설였다.

"걔도 사정은 있어."

이 일자리로 돈을 벌어 자식을 길러야 하는 그 여자의 사정에 대해 엄마는 생각했다. 그 사람이 처한 개인적인 어려움이 엄마에겐 남 일 같지 않았던 것이다.

입사 5, 6년 차였던 내겐 아직 모은 돈이 적었다. "그만둬" 호기롭게 말하면서도 실은 엄마가 진짜 그만두면 어쩌지 걱정했다. 학교 청소만 하다 기숙사 청소까지 맡게 되며 월급이 올랐다. "돈이 쎄잖아." 엄마는 돈 모으는 재미에 그 시기도 버텼다. 그는 결국 무단결근으로 엄마보다 먼저 회사를 그만두게 됐다. 엄마는 정년까지 버텼다.

"나 이런 모자 티 있었는데 찢어졌잖아."

얼마 전에 후드 티셔츠를 입고 지나가는 나한테 엄마가 말했다. 왜? 하니 뒤에서 그 사람이 잡아당겨 모자가 뜯어졌단다. 엄마는 그렇게 구박받았던 시간을 견딘 스스로에게 자부심이 있었다.

  엄마를 만만하게 본 건 그 직원 하나만이 아니었다. 엄마가 해 놓은 계단 청소에 시비를 거느라 김 과장이 계단 아래에서 "춘실아! 춘실아!" 하고 수십 번 이름을 불러 댈 때 엄마는 심장이 쿵쿵 뛰었다. "내가 그래도 청소 밥 먹은 게 몇 년인데, 계단 청소 시험을 본다는 거야." 엄마는 모욕감을 느꼈다.

  "여자 기숙사 1층에서 물이 늦게 빠져서 물이 조금 고였어. 물 빨아들이는 하수구를 내가 삐뚤게 놓은 것 같다고, 김 과장이 막 욕을 하는 거야. 어떤 년이 그랬냐고. 시팔년, 조팔년, 청소나 똑바로 하지, 그러면서. 뻔히 내가 듣는 걸 알면서."

  관리팀 과장은 자기 후임을 시켜 고분고분하지 않은 엄마에게서 꼬투리를 잡으려 했다. "사람을 욕하고, 뒤에서 미행하고, 일을 얼마나 했나 보자 그러고. 아니 자기가 뭔데!" 엄마와 친한 관리팀 직원도 이 과장의 횡포에 정년을 몇 년 남기고 퇴사했다.

  학교 청소는 겨울에 특히 힘들었다. 뜨거운 물을 쓸 수

없게 해 놔서 엄마는 찬물로 대걸레를 빨았다. "아니 지 돈이야?" 엄마는 관리팀의 횡포를 말하며 분통을 터트렸다. 장화를 신어도 신발 안까지 찬물이 들이쳤다. 엄마는 겨울마다 동상에 걸렸다. 그러면 발냄새가 난다고 또 구박을 받았다. "청소는 발바닥 일이야" 하면서도 엄마는 스스로를 낮게 생각하지 않았다.

박완서는 '언젠가는 저자들을 악인으로 등장시켜 마음껏 징벌하는 소설을 쓰리라는 복수심'으로 소설을 쓴 적이 있다고 했다. 이 이야기가 실린 〈석양을 등에 지고 그림자를 밟다〉의 말미에 박완서는 덧붙인다. '소설로 어떻게 복수를 할 수 있단 말인가. 그래도 그렇게 생각하는 것만으로도 그 시기를 견딜 수 있게 하는 힘이 되었고, 위로가 되었다.' 나도 엄마를 업신여긴 사람들을 글자 안에 가두는 방식으로 복수하고 싶었다. 그런 생각만으로도 속이 풀렸다.

엄마는 퇴직 후에도 한동안 학교 꿈을 꿨다. "나한테 왜 그러는 거예요! 감시하고! 무시하고!" 엄마는 꿈속에서 화를 내면서 와 소리를 지르고 발길질을 했다.

"발로 차!"

"같이 차!"

이렇게 소리 지르고 나면 엄마는 다시 코를 골며 잠을 잤다. 이 꿈의 빈도가 줄어든 건 퇴직 후 3년이 지나고 학교를 향한 그리움이 어느 정도 사그라지고 나서의 일이다.

함께 예술의전당에 쇼팽을 들으러 간 날 엄마는 "나 쇼팽 좋아하잖아!" 해 놓고 정작 꼬르르 졸았다. 단잠을 자고 나온 엄마는 초롱초롱해진 눈망울로 음악당 감나무 아래에 앉아 학교 감나무 얘기를 꺼냈다. 학교라면 치가 떨린다면서도 엄마는 가을이면 열매 맺곤 하는 학교의 감나무를 그리워했다. 가로등 불빛을 반사하는 반질반질한 감을 올려다보는 엄마, 오춘실을 보며 빛날 찬에 열매 실자를 썼다는 영화 〈찬실이는 복도 많지〉의 주인공 이찬실을 떠올렸다. 삭제된 시나리오에 꼭 그렇게 찬실이 열매를 올려다보는 장면이 있었단다. 엄마의 볼록한 두 뺨이 반들반들 빛났다.

나는 일하다 병들었고 일하며 기뻤다. 책 파는 일은 내게 재미도 있고 의미도 있는 일이었다. 엄마도 청소 일을 할 때 힘들고 억울하기만 했던 것은 아니었다. 엄마는 그 일을 좋아했고, 그 일을 잘할 수 있는 스스로를 자랑스러워했다.

"여기서부터 저기까지 싹 청소하고 끝난 자리 보면 기분이 좋았어. 상쾌했어."

"돈 버는 거랑 기분 좋은 거랑 뭐가 더 좋았어?"

"돈이 삼. 상쾌한 게 칠이여."

돈을 그렇게 좋아하는 엄마가 돈 위에 두는 것이 보람이었다. 엄마는 복수를 바라지도 기다리지도 않았다. 삶에서 도망치지 않으면서 그 삶을 손에 쥐는 법을 알아 나갔다. 엄마의 비법, 나는 그것을 오래 두고 배울 참이다.

엄마 얘기를 적느라 귀가가 늦는 날엔 가끔 기찻길로 엄마가 마중을 나왔다. 하품하는 내게 엄마는 이렇게 묻곤 했다.

"오늘도 나 신나게 산 거 잘 썼어?"

나는 그렇다고 대답하며 엄마 팔짱을 꼈다.

2024년 마포
"여자라고 우습게 보는 거야."

> '모난 돌이 정 맞는다'고는 하나, 모나지 않아도 맞는 게 여자다. 왜 맞는지 모른 채 확실히 느끼는 것은 오직 고통뿐.
>
> _ 다나카 미쓰, 《생명의 여자들에게: 엉망인 여성해방론》, 조승미 옮김, 두번째테제, 2019

수영장도 사람 모이는 곳인지라 정이 가는 사람이 있는 반면 정나미 떨어지는 사람도 잔뜩 있었다. 수영장엔 관습적으로 매너와 비매너로 분류되는 몇몇 행동이 있다. 예를 들면 입수 전 샤워는 필수 매너 행동인데, 가끔 수영복을 집에서 입고 와서 안 씻고 입수하려는 사람들이 있었다. 나는 이런 분이 나타나면 주위 눈치를 살폈다. 10년 이상 헤엄친 할머니들을 발견하면 안심하고 내 할 일을 했다. 할머니들이 해결해 주실 것이다.

할머니들은 매너와 비매너의 경계를 쉽게 넘나들었다. 갑자기 다가와 수영복의 꼬임을 풀어 주는 손도 좋았고, 불쑥 다가와 "등 밀어 줄까?" 물어보는 것도 좋았다. 하지만 이런 오지랖을 좋아하지 않는 사람들도 많을 것이고, 그래서 수영장에서 매너 문제는 쉽지 않다.

"여기 수영장에 사람 많아요."

엄마는 레인 모서리에 서서 콩콩 뛰고 있었다. 외국인 여성이 엄마에게 뭔가 묻고 있었다. 엄마는 영어를 한마디도 못 한다. 자유형으로 다가가니 그분이 한국어를 하고 있었다. 자기 나라에선 한 레인에 여섯 명 이상 들어가지 못하게 한단다. 그날 우리 레인엔 열댓 명이 헤엄치고 있었다. "우린 오늘 정도면 사람 적은 편인데." 엄마가 신기해하면서 외국의 한적한 수영장을 상상하는 듯한 표정을 지었다. 사람이 너무 많다는 게 근본적인 갈등의 원인이었다.

각 레인마다 이용자가 적어도 열다섯 명, 스무 명씩 있으니 필연적으로 서로의 존재 자체가 짜증이 날 수밖에 없었다. 매너라는 것이 유동적이라 각자의 짜증이 다 이치에 맞는다는 것도 문제였다. 사람이 이렇게 많은데 플립턴을 하면서 물을 튀기는 수영 잘하는 사람도 비매너로 볼 수 있고, 턴 하는 사람이 있는데 앞에서 냉큼 출발해 길을 막은 수영 못하는 사람도 비매너로 볼 수 있다. 자기 속도에 맞지 않는 레인을 선택해 초급자가 상급자 레인에서 길을 막아도 비매너, 못하는 사람이 앞에 있을 때 잘하는 뒷사람이 발을 치거나 무안을 주는 행동도 비매너였다. 빠른 사람은 빨라서, 느린 사람은 느려서 상대방에게 폐를 끼칠 수 있다. 네가 비매너이기 때문에 너를 응징하는 나는 정당하다고 자기 좋을 대로 해석하기 좋은 게 이 매너 문제였다.

그렇다면 결국 누구 편을 들 것인지에 관한 문제만 남는다. 나는 언제고 느린 사람들 편이었다. 사람이 많을 땐 자유수영 레인 하나에 초급부터 고급까지 모든 사람이 섞였다. 빠른 사람들은 절대 양보하지 않고 느린 사람들을 추월해 지나갔고, 느린 여자들은 그들이 새치기하며 튀기는 물에 불만이 쌓였다.

엄마와 나는 앞사람 몸을 함부로 치고 다니는 한 남자를

'꼴뚜기'라고 불렀다.("어물전 망신 혼자 다 시켜!") 남자는 느린 여자들이 앞에 가면 항상 무리한 추월을 했다. 수영장이 붐빌 때도 꼭 벽을 잡고 턴을 해서 사람들과 몸이 닿았다. 남자가 위협하듯 플립턴을 하면 벽에 선 사람들에게 물이 쏟아졌다. 너무 가깝게 몸을 붙여 추월하는 바람에 킥판을 붙잡고 간신히 물에 떠 있는 엄마 몸이 꼴뚜기 몸에 스쳤다. "기분 더러워!" 엄마는 화를 냈다.

"매너가 아주 더러운 아저씨야."

"유명해요, 저 사람."

엄마의 불평에 다른 아줌마들도 맞장구를 쳤다. 알고 보니 이 남자는 느림보들의 적이었다.

남자는 한 번을 양보하지 않았다. 혼잡한 레인에서 무한 뺑뺑이를 시도했다.

그러던 어느 날 드디어 올 것이 왔다. 꼴뚜기에게 등을 맞은 청년이 뒤를 돌아보고 뭐라고 중얼거렸다. 이 수영장의 누구에게도 사과하지 않던 꼴뚜기가 젊은 남자가 노려보자 처음으로 고개를 슬쩍 숙였다.

"옴마야, 저 사람 사과도 할 줄 안다? 어이없다. 뭐냐."

"우리는 여자라고 우습게 보는 거야."

"사람 봐 가면서 행동하는 거야."

엄마 말에 나는 그 인간이 더 싫어졌다.

배영을 어느 정도 해낸 후 엄마는 자유형 발차기 연습을 시작했다. 허벅지 힘이 약해 발차기가 느렸다. 킥판 아래를 받치고 엄마 몸을 끌면 그나마 자유형 발차기 수준의 속도가 났다. 뒤에서 오는 사람들 속도를 신경 쓰면서 내 힘을 더해 킥판을 끌면 길을 너무 막지 않으면서 할 수 있었다. 다른 사람들한테는 흔쾌히 비켜 줬지만 꼴뚜기한테는 비키고 싶지 않았다. 비키면 추월할 때 기어이 몸을 스치고 지나가 불쾌했기 때문이다. 우리는 길을 내주지 않으려는 쇼트트랙 선수처럼 꿋꿋하게 우리 속도대로 발차기 연습을 이어 나갔다.

도착지가 5m쯤 남았을 때 엄마 혼자 떠서 갈 수 있게 뒤에서 몸을 밀어 주었다. 그새 등싹에서 타격감이 느껴졌다. 머리에 불이 들어왔다. 뒤돌아서니 꼴뚜기가 사과도 없이 나를 빤히 쳐다보고 있었다. 청소부의 딸인 나는 쓰레기를 잘 줍는다. 걸어온 싸움에 응하기로 했다.

"치셨잖아요."

꼴뚜기는 대답하지 않고 평영 자세로 잠수를 했다. 잠시 수면 아래로 가라앉았던 얼굴이 곧 물 밖으로 나왔다. 나는 다시 말했다.

"저 치셨다고요."

"길을 막잖아요. 가운데로 가고."

"그럼 일부러 치셨다는 건가요?"

일부러 그랬다고 꼴뚜기는 눈을 부라렸다.

"걸을 거면 비키라고요. 자꾸 가운데로 가고."

"자유수영 레인이 하나라서 여긴 초급도 해도 되는 데라고요."

엄마가 왁 소리를 지르면서 싸움에 끼어들었다.

"비켜 주면 지나가면서 일부러 스치잖아요!"

"해도 해도 너무하네, 정말!" 푸들을 닮은 엄마가 용맹하게 짖었다. 엄마를 진정시키면서 계속 싸움을 이어 갔다.

"저기 추월 금지라고 쓰여 있는데요?"

"서로 양보하면서 하는 거지."

"출발점에선 저희가 계속 비켜 드렸는데요?"

"나도 양보하면서 했어요."

남자 입장에선 우리가 비매너, 우리 입장에선 남자가 비매너다. 내 말이 맞고 네 말은 틀릴 때 우리는 얼마나 통쾌하다고 느끼는가. 우리가 그를 싫어하는 것만큼 그도 우리를 싫어할 것이다.

말싸움은 남자가 "예, 마음대로 하세요"라고 하는 데서 끝났다. 나는 "네, 제 마음대로 할게요"라고 대꾸했다. 사우나에서 엄마는 가슴이 두근거린다고 숨을 크게 쉬었다. 나는 정신병 약을 오래 먹어 두근거리지 않았다.

맞은 등짝이 얼얼했다. 생각보다 기분 나쁘지 않았다. 보이지 않는 주먹으로 때리는 은밀한 공격에 나는 만신창이가 됐었다. 보이게 때리는 사람이 차라리 나았다. 누가 무엇 때문에 나를 때린 건지 알 수 없어서 엉엉 울고 다니던 때는 대체 날 치고 간 게 무엇인지라도 알고 싶었다. 저 인간이 저렇게 명백하게 꼴뚜기인 건 얼마나 고마운 일인가.

맞은 놈인 나는 발 뻗고 잘 잤다.

꼴뚜기는 이후로도 여러 번 수영장에서 문제를 일으켰다. 꼴뚜기가 앞에 가는 초급 청년 발을 친 순간 전쟁이 벌어졌다. 괄괄한 남자가 자유형으로 나가다 말고 주로에 벌떡 서서 잔뜩 화난 표정으로 뒤돌아섰다. "뭐요!" "왜!" 둘은 수영장 한가운데서 막 소리를 질렀다. 옆 레인 강사들이 넘어와 싸움을 말렸다. 강사들은 말이 안 통하는 꼴뚜기는 쳐다보지도 않고 남자에게 선생님이 좀 참으시라고 설득했다.

우리 느림보들은 수영장 벽에 붙어서 "이런 일 날 줄 알았네!" 하면서 싸움 구경을 했다. "저 사람 원래 그래요?" 남자가 우리에게 물었다. 우리는 "유명해요" 하고 한목소리로 대답했다. 엄마는 "오늘 수영 와서 좋은 구경 했다" 하고 상기된 얼굴로 웃었다.

이 싸움 이후에도 남자는 온갖 추태를 부렸다. 수영하는 사람 밑으로 잠영을 길게 해 추월하는 방식이 특히 그랬다. 한번은 앞에서 수영하던 여성을 그렇게 추월하려다 거리 계산을 잘못했는지 가랑이 사이로 머리를 들이민 적도 있었다. 화들짝 놀란 그 여성분이 멈춰 서서 뒤를 돌아보았다. "저건 성희롱이잖아!" 우리는 눈을 찡그렸다.

엄마는 처음 보는 젊은 여자가 나타나면 꼴뚜기를 가리키며 여자들 위협하면서 수영하니까 조심하라고 일러 주었다. 평소 같으면 모르는 사람한테 말 걸지 말라고 간섭했을 텐데 나도 덩달아 욕했다. 한 대 맞은 덕분에 시원하게 욕할 수 있었다.

여느 날처럼 꼴뚜기의 비매너 행태를 벽에 서서 지켜보고 있었다. 평영을 하는 여자 뒤를 굳이 바짝 따라가는 버릇을 그는 좀처럼 고치지 못했다. "또 저러네" 하면서 혀를 차고 있는데 그가 별안간 비명을 지르며 멈춰 섰다. 평영은 개구리처럼 다리를 활짝 벌려 뒤꿈치로 강하게 물을 뒤로 보낸 뒤 다시 다리를 모으는 식으로 발차기를 하는데, 여자의 복숭아뼈에 남자가 머리를 맞고 만 것이다. 대앵. 제대로 한 방 맞은 남자는 꽤 아픈지 한동안 벽에 붙어 서 있었다.

"엄마, 저 인간 또 바짝 쫓아가다 맞았네."

"쌤통이네."

그날 나는 큰 깨달음을 얻었다. 굳이 내가 치지 않아도 때가 되면 종은 울리고, 될 일은 결국 그렇게 된다는 것. 그날도 나는 집에 가서 발 뻗고 코 골면서 잘 잤다.

2024년 마포
"오늘도 시간 잘 갔다."

> 빵집 아저씨는 소리쳤다
> 요즘 강해진 건 여자하고 양말 여자하고 양말이야
> 빵을 껴안은 아주머니들이 웃으며 말했다
> 그야 당연하지 다 그럴 만한 이유가 있으니까
> 나도 강해질 거야!
> 내일은 또 누굴 울려줄까
>
> _ 이바라기 노리코, 〈여자아이의 행진〉,
> 《처음 가는 마을》, 정수윤 옮김, 봄날의책, 2019

꼴뚜기는 여전히 사람을 치고 다녔다. 앞에서 느리게 자유형을 하던 아줌마도 꼴뚜기한테 발을 맞았다. "원래 저래요?" 물어보셔서 "일부러 저래요" 하고 대꾸했더니 "성질이 확 나네!" 하셨다. 유발 하라리는 《사피엔스》에서 인간은 '뒷담화'를 하기 위해 언어를 개발했고, 수다의 힘으로 사피엔스가 세계를 지배하고 있다고 주장했다. 여자들의 입은 쇠도 녹인다. 힘도 약하고 속도도 느린 여자들이 남자들의 질서에 대항할 수 있는 유일한 방법은 집단행동, 수다를 떠는 것이다.

남자들은 힘 대 힘으로 부딪쳤다. 레인 왼쪽 오른쪽을 나눠서 수영하던 남자들 팔이 영화〈듄〉의 한 장면인 양 우주 전쟁에 참전한 전사들의 칼처럼 챙 부딪쳤다. "그대의 칼이 쪼개지고 부서지기를." 쓸데없이 비장하게 헛심을 쓰는 저 팔들이 나는 우스웠다.

"아니 뭔 팔로 물을 베고 난리유. 스프링클러인 줄 알았슈."

"물이 잘 쏟아져서 오이 농사는 잘되겠슈."

엄마와 나는 만담을 하며 수영장을 구경했다. "오늘도 시간 잘 갔다." 엄마는 상쾌한 표정으로 물 밖으로 나갔다.

엄마는 욕은 싫어하면서 남 말 하기는 좋아했다. 어떤 회원 다리에 난 장화 자국을 보고 "청소 일 하나 봐" 하고 알은체하는가 하면, 다리가 불편한 사람이 발차기만 조금 하다 가는 것을 두고도 "저 사람은 금방 간다"라면서 굳이 입 밖에 냈다. "남 얘기 좀 하지 마. 다 들려!" 나는 그런 소리를 듣는 게 싫어서 면박을 줬다. 엄마는 "원래 못 배운 사람들은 남 숭보기 좋아해" 하는 식으로 받아쳤다. 엄마가 이러면 "왜 말을 또 그렇게 해" 하고 목소리가 작아졌다. 엄마가 남 말 하는 게 듣기 싫어서 못 들은 척하면 엄마는 발꿈치로 내 엉덩이를 콕콕 찍으며 싫은 티를 냈다.

대체로 나이 든 여자들에게 호의적인 엄마가 희한하게 자꾸 싫다고 하는 할머니가 있었다. 그분이 지나갈 때마다 보란 듯이 고개를 쌩 돌리곤 했다. 어느 날 엄마가 이유를 말해 줬다. 엄마가 벽에 붙어 쉬고 있는데 그 할머니가 앞에 가는 저 여자(자유형으로 헤엄치고 있던 나)가 뚱뚱하다고 흉을 보더란다. 엄마는 자기 욕하는 건 참아도 딸 흉보는 건 못 참았다. 어금니 없다고 놀림당할 때는 참았던 엄마가 학교에서 나 때문에 싸운 적이 있었단다. "집사님 딸은 헛똑똑이여, 하잖어." 엄마는 씩씩댔다. "헛똑똑이 맞지 뭐." 내가 허허 웃으니 엄마는 더 열받아 했다.

"내 편 들어 주느라 그런 거구만."

"할매 심보가 고약하잖아!"

"미안하게 됐수. 저 할머니 욕은 많이 해."

엄마는 그제야 표정이 풀어졌다. 엄마는 몸이 커다랗고 수영을 잘한다고 나를 늘 하마라고 부르는데, 자기가 부르는 건 괜찮고 남이 부르는 건 싫은 것이다. (하마는 물이랑 친하기는 하지만 헤엄을 치지는 못한다고, 그저 걸어 들어갔다 걸어 나오는 것이라는 이야기를 허수경의 에세이 《그대는 할말을 어디에 두고 왔는가》에서 본 후 나는 이 애칭이 한층 좋아졌다.)

    남을 골똘히 보고 그에 대해 불쑥 말을 얹는 건 우리 엄마만 그런 게 아니었다. 어떤 할머니가 다리가 불편한 이가 남 눈치를 보느라 20분만 수영하고 가더라며 안타깝다고 갑자기 말을 건네 왔다. 무례한 사람이 되거나 실수한 사람이 되기 싫어 못 본 척을 하는 나는 엄마랑 똑같은 말씀을 하시네, 생각하면서도 슬쩍 자리를 피했다.

    늙은 여자들은 골똘해서 무례하고 골똘해서 다정했다. 어느 날은 벤치에 앉아서 옷을 갈아입던 할머니가 내게 바지를 뒤집어 입었다고 알려 주었다. 수영복에 구멍이 났다고 알려 주는 분도 할머니고, 수경이 뒤집어졌다고 알려 주는 분도 할머니다. 한번은 씻고 있는데 한 할머니가 "휴지가 묻었나 봐" 하면서 내 다리 사이를 가리켰다. 탐폰에 달린 실이었다. "남의 가랑이까지 보다니!" 나는 엄마와 실실 웃었다.

선 넘는 걸로는 엄마도 지지 않았다. 엄마와 내가 사우나에 앉아 있는데 한 아주머니가 뒤이어 들어왔다. 엄마는 밑도 끝도 없이 그 아주머니에게 가슴 크기를 주제로 말을 텄다. 사우나가 뜨거워서 어지러운 건지, 대화가 매워서 어지러운 건지 혼미한 시간이 지나고 불똥이 갑자기 내게 튀었다. "아가씨는 가슴이 크지는 않구만." 엄마가 먼저 시작한 거라 "네, 그렇죠" 하고 머쓱한 웃음만 짓고 말았다.

더운 걸 못 참는 내가 먼저 나가고 나서도 사우나에서 한참 수다가 이어진 모양이다. 아주머니와 엄마가 나란히 개운해진 얼굴로 사우나에서 나왔다. "무슨 말을 그렇게 많이 해!" 엄마에게 역정을 냈다. "아줌마들은 할 말이 많아서 그래." 아주머니가 대신 대답하고는 웃으면서 지나갔다. 다음번에 마주쳤을 때 그 아주머니는 나를 알아보지 못했다. 담아 두질 않아서 나는 이 사람들이 좋았다.

남자들은 하나같이 자기 실력보다 높은 레인에서 물을 잔뜩 튀기며 대담하게 수영하는 반면 여자들은 실력이 쌓여도 대체로 초급 레인을 벗어나지 못했다. "아줌마 저리 가세요" 같은 말에 상처받은 경험이 그들을 방어적으로 만들었다. 나는 할머니들에게 늘 레인을 양보했다. 그러면 할머니들은 용맹하게 킥판을 쥐고 약한 발차기로 팔랑팔랑 나아갔다. 그들의 다리는 모두 애처롭고 사랑스러웠다. 나는 이렇게 이 여자들을 모두 좋아하게 됐다.

아주 느리게 수영하는 앞사람을 천천히 따라갔던 일이 있다. 물속에서 가만히 보니 다리가 불편한 분이었다. 금이 간 무릎으로 떨듯이 물을 차며 발차기를 하고 있었다. 그 후로 잠영을 할 때면 사람들의 수영 동작이 눈에 들어왔다. 몸들은 가지각색의 사연과 사정을 품고 있어서 몸에 따라 수영도 달랐다. 교통사고 후유증으로 왼쪽 다리가 약간 짧은 나처럼 어떤 몸은 한쪽으로 기울었고 어떤 다리는 한쪽만 힘차게 찰 수 있었다. 나는 이 연약하고 상한 몸들을 지키는 파수꾼이 되고 싶었다. 다른 사람들이 바짝 붙어 치거나 위협하지 못하게 뒤에서 지켜 주는 수영장의 파수꾼. 그렇게 나는 절대 앞지림 빌을 시지 읺는 사람, 느리게 가는 여자들 뒤에서 느리게 평영 발차기를 하는 사람이 됐다.

나는 내게 난 구멍으로 세상을 봤다. 구멍 난 자리엔 바람이 잘 통했다. 나는 엄마 같은 사람들, 수영을 잘 못하고 수영장 통행에 방해가 되는 사람들을 좋아하게 됐다. 수영장은 필연적으로 맨얼굴로 섞일 수밖에 없는 공간이라는 것을 이해하게 됐다. 싫은 사람이 내뱉은 물을 내가 마신다. 누군가는 바이러스를 품은 채 수영장에 왔을 것이고, 나도 내가 감염체인 걸 모르는 채로 재채기를 했을 것이다. 병원균이 돌고 돌 듯 친절도, 무례도 돌고 돈다. 공중 시설에서 이들은 피할 수도 구분할 수도 없다.

수영장 청소 직원이 전망대 유리를 밀대로 밀고 있었다. 청소 직원이 탈의실에 앉아 쉬기라도 하면 여자들이 민원을 넣어 업무 스케줄이 빡빡하게 나온단다. "저 아줌마 고생하네." 엄마가 창문을 올려다봤다.

인간은 복잡하고 알 수 없는 존재다. 남 욕하는 할머니가 등 밀어 주는 할머니이기도 하고 청소 직원이 쉬는 꼴을 못 보는 여자들과 내가 좋아하는 여자 무리가 같은 사람들일 수도 있다.

엄마도 그런 사람일 수 있었다. 엄마는 청소가 잘못되어 있으면 바로 흥을 봤다. 배수구에 붉게 곰팡이가 피었다면 들어내어 청소해야 한다고. 엄마에겐 청소 일이 자부심이었기 때문이다. 나는 그런 엄마 모습에서 나를 보았다. 나도 스스로를 잃어버릴 정도로 일에 몰두했다. 내 자부심에 취해 다른 사람에게 상처 준 일이 있었을 것이다. 당장 엄마와 내가 같은 회사에서 직원으로 만났다면 어땠을까. 나는 손이 여물지 못한 엄마를 좋게 보지 않았을 것이다. 하필 그런 엄마랑 이런 내가 이 세상에서 엄마와 딸로 만나게 된 것은 참 오묘하고 다행한 일이다.

엄마가 저쪽에서 콩콩 뛰고 있었다. 오랜만에 수영장에서 현선이와 만나 헤드업 자유형으로 꼬트머리의 엄마를 향해 다가갔다. 두 마리의 리트리버처럼 수영하는 우리의 손날에서 물이 쏟아졌다.

물을 가격하듯 자유형을 해서 주위에 유독 물을 많이 튀기는 아주머니, 뒤에 대여섯 명씩 밀려 있는데도 꿋꿋하게 배영으로 끝 지점까지 가는 전도사님, 남들 다 수영하는 레인에서 걷기 시작하는 할머니를 나는 좋아한다. 나는 이 사람들이 약간씩 남을 불편하게 만들어서 좋았다. 이 사람들의 개성을 지키기 위해 나는 그들의 속도를 보호하는 파수꾼이 될 생각이다.

2024년 종로
"나 가면 하나님이 그럴까. 우리 춘실이 잘 왔다."

> 병에 걸려서 좋은 게 있습니다. 상을 받아도 시샘받지 않고, 말을 좀 잘 못 해도 아무도 책망하지 않아요. 싸울 힘이 없으니 좀 겸손해지기도 하고요. 이렇게 말하면 '거짓말 같은데?' 하고 의심하겠지만, 젊을 때는 이렇지 않았어요. 정말 거만했다고요.
>
> _ 고레에다 히로카즈, 《키키 키린의 말》, 이지수 옮김, 마음산책, 2021

엄마가 먼저 나가면 내 세상이다. 수영장에서 몇 바퀴를 더 돌고 나오니 탈의실에서 경상도 아지매가 깔깔 웃고 있었다. 오는 길에 돈을 잃어버리셨단다. "요즘엔 현금 갖고 다니는 사람도 없을 텐데 지폐가 떨어져 있으니 주워 간 사람은 얼마나 좋을 거야." 엄마도 "내가 줍고 싶구만!" 하고 같이 웃었다.

엄마도 자주 깜빡깜빡했다. 마트에 놓고 온 휴대폰은 고객센터에서 전화를 받은 덕에 무사히 찾았다. 수영장에 놓고 온 수경은 분실물 보관함에 들어가 있었다. 돈을 좋아하는 엄마는 동전을 잃어버렸을 때 무척 슬퍼했다. "귀신이 곡할 노릇이네" 하는 엄마한테 "주운 사람은 기분 좋을겨" 하고 깐족대다 괜히 혼났다.

엄마는 젊을 때도 물건을 잘 잃어버렸다. "덜렁이라 원래 그렇다"고 스스로를 긍정했지만 지나치게 거듭되는 실수는 역시 좋은 징조는 아니었다. 까먹는 주기가 짧아졌고, 자주 넘어졌고, 벌컥 화를 내는 일도 잦았다. 폐품을 모으면서 엄마는 다른 사람들이 자기 걸 가져가는 것 같다고 의심하기도 했다. 의심은 인지증의 전형적인 증상 중 하나다. 할머니도 인지증으로 돌아가셨으니 가족력도 있었다. 신경과에 검사를 예약했다.

엄마는 문 안쪽에서 인지 검사를 했다. 지금 몇 시인지, 몇 월인지를 묻는 의사 선생님 목소리와 엄마 목소리가 교차로 들렸다. "뭐였더라?" 머뭇대면서도 엄마는 열심히 대답했다. 뇌 MRI 사진을 띄워 두고 선생님은 엄마가 인지증 초기가 맞겠다는 진단을 내렸다. 뇌 사진에 군데군데 하얀 얼룩이 있었다. 엄마가 살아오면서 겪은 고통이 알알이 새겨진 것 같은 단백질 자국이었다. 엄마는 치매 임상 평가(Clinical Dementia Rating) 기준 CDR 0.5단계였다. 엄마 나이 만 63세의 일이다.

"언제부터 이러셨어요?"

언제부터랄 게 없어서 우리는 입을 닫았다. 엄마는 활달하고 명랑했지만 늘 평균과는 약간 달랐다. 엄마는 이 다름으로 인해 직장생활 내내 괴로운 일을 겪었다.

인지증이 진행되고 있는 할머니를 손녀가 촬영한 다큐멘터리 〈옥순로그〉를 보다 헛웃음을 지었다. 감독인 손녀는 내가 엄마한테 하는 말투로 할머니에게 말을 걸고 있었다. 엄마는 귀가 어두워 소리를 잘 듣지 못했고, 내 말을 바로 알아듣지도 못해 엄마한테 말할 때면 자꾸 목소리가 커졌다. 매번 구연동화 하듯 또박또박 말하던 나는 어쩌면 일찌감치 이런 일을 예감하고 있었을지도 모르겠다.

돌아오는 길에 심란해서 소주를 마셨다. "엄마, 알았어?" 물어보니 엄마는 "그럴 것 같았어" 하고 대답했다. 엄마는 오래전부터 이 병을 준비하고 있었다. 학교 청소 일을 하면서 받은 월급으로 치매 보험을 미리 들어 놓았을 정도였다.

엄마는 가끔 사진을 잘못 찍었다. 꽃 사진을 찍으려다 갑자기 카메라를 돌려 엉뚱한 각도로 자기 얼굴을 찍곤 해서 휴대폰 사진첩이 지저분했다. 못 나온 엄마 사진을 골똘히 들여다보는 나한테 엄마가 "그거 지워. 보기 싫어!" 하는데 갑자기 눈물이 왈칵 쏟아졌다.

"지우기 싫어. 엄마 지우기 싫어."

나는 아기처럼 엉엉 울며 엄마한테 안겼다. 그제야 엄마가 눈을 마주쳤다.

"에구. 내 새끼. 엄마가 지우라고 해서 미안해."

"지우지 마. 엄마 지워지지 마."

"엄마 어디 안 가. 괜찮아."

조그만 엄마가 하마 덩치인 나를 안고서 한참 동안 등을 토닥여 주었다.

진단 이후에도 달라질 건 없었다. 슬퍼하고 걱정하다 밥 잘 먹고 또 수영장에 갔다. 이주 언니가 강습을 받고 우리가 있는 자유수영 레인으로 넘어와 몇 바퀴를 함께 돌았다. 수영장을 나가려던 언니가 갑자기 뒤를 돌아보더니 엄마 얼굴을 빤히 보고는 엄마와 포옹을 했다. 그날은 엄마에게 그 어떤 때보다 포옹이 필요한 날이었다.

나중에 친구들과 이 일에 대해 얘기할 기회가 있었다. 언니는 그날 일을 기억하고 있었다. "너는 넋이 좀 나간 것 같았고 엄마는 겁먹은 표정이었어. 엄마가 걱정하시는 것 같아서 안아 드리고 싶었어."

작은 어촌 마을을 배경으로 펼쳐지는 문진영의 소설 《딩》에서 베트남인 노동자 쑤언은 지원에게 귤을 건네고, 이 귤은 지원의 마음을 환하게 밝힌다. 화재 사고로 자신처럼 베트남에서 온 동료를 잃은 쑤언의 사정이나 아버지를 미워하는 지원의 사정을 그들은 서로 모르지만, 연루된 사람들은 서로를 살리는 줄도 모르고 서로를 구한다. 그날 언니의 포옹은 오래도록 이 소설과 함께 떠올랐다.

등장인물의 이름 쑤언(Xuân)은 봄 춘(春)을 베트남어로 읽은 것이다. '딩(ding)'은 서핑보드 표면의 긁힌 자국 같은 손상을 의미하는 용어. 우리 엄마 오춘실의 머리에도 딩이 난 것이라고, 나는 이렇게 소설에서 또 엄마를 읽었다.

수영은 계속되었다. 경상도 아지매가 오랜만에 수영장에 오셨다. 여행도 다녀왔고 한동안 팔이 아파 병원에 다니느라 뜸하셨단다. "잘 지내셨어요?" 엄마가 인사하니 "당신 보고 싶어서 병났어" 하고 정겹게 농을 던지신다. 엄마는 반가워하며 뒤에서 아지매를 안고 히히 웃었다.

찬물에 몸을 담그는 수영이 인지 기능 향상에 도움이 된다는 연구 결과를 찾아낸 후 나는 기억력과 인지, 노년에 관한 책을 몇 권 샀다. 나는 원래 슬플 때 책을 산다. 문제가 생겼을 때 해결책은 늘 책이었다. 또 책과 함께 갈 것이다.

엄마는 먹는 약 대신 패치를 붙이기로 했다. 3개월마다 병원에 가서 검사를 받았다. 좋아지는 일은 없었지만 아직은 덜 나빠진 채로 엄마는 헤엄치고 있다.

고레에다 히로카즈의 작품에 주로 출연해 한국에서도 인지도가 높은 배우 키키 키린은 2013년 자신의 암 투병 사실을 밝혔고, 병을 앓으면서도 〈그렇게 아버지가 된다〉(2013), 〈어느 가족〉(2018) 같은 좋은 작품에서 연기했다. 그는 암 덕분에 죽음을 미리 준비할 수 있었다며 병이 자신에게 꼭 나쁜 것만은 아니었다고 말했다. 연구자 김영옥은 《흰 머리 휘날리며, 예순 이후 페미니즘≫에서 인지증에 걸린 어머니를 20여 년간 돌본 경험을 바탕으로 다가올 자신의 노년을 해석했다. 나는 이 20년이라는 숫자에서 힘을 얻었다. "엄마 내 환갑잔치 차려 줄거?" 하면 엄마는 어이없어하며 웃었다. 나는 팔순 노모에게 환갑을 받아먹는 할머니가 되고 싶다. 엄마도 천천히 나빠져서 20년간 내 곁에 머물러 준다면 정말 좋을 것이다.

보험 청구를 하느라 엄마의 검사지에 딸린 노인 우울 척도(The Geriatric Depression Scale) 결과를 유심히 읽어 보다 또 엉엉 울었다.

현재의 생활에 만족하십니까? 예
의욕이 떨어졌습니까? 아니요
생활이 지루하십니까? 아니요
대체로 마음이 즐거우십니까? 예
또래보다 기억력이 나쁘다고 느끼십니까? 예
절망적이라는 느낌이 듭니까? 아니요
현재 살아 있다는 것이 즐겁습니까? 예

기억력이 나빠졌다는 것 말고 엄마는 불편한 게 하나도 없었다. 엄마가 즐겁다면 나도 좋다.

수영장을 나서 집으로 오는 길, 학교 담장을 타고 오른 덩굴을 보며 엄마가 문득 말했다. "세상이 이렇게 좋은데 먼저 간 사람들이 안쓰럽다." 먼저 간 사람들도 아주 떠난 사람들 같지가 않았다. 엄마는 할머니 얘기도, 영목 할머니 얘기도, 춘천 고모 얘기도, 평택 할아버지 얘기도 자주 했다. 모두 가 버린 사람들이었다. 그럴 때는 엄마도 반쯤 저세상에 걸쳐 있다.

"나 가면 하나님이 그럴까. 우리 춘실이 잘 왔다. 신랑이 그렇게 속 썩이는데 데리고 사느라 애썼다."

속 썩은 이야기를 엄마가 잊을 수 있다면 잘 까먹는 사람이 되는 것도 좋을 것 같다.

샤워실에서 어떤 할머니가 벌거벗은 채로 문을 열고 레인으로 나오려 한 일이 있었다. 사람들이 일제히 "할머니!" 하고 외치며 기겁을 하고 할머니를 들여보냈다. 수영복을 입지 않았다는 걸 잊으신 것이었다. 나는 그 할머니 얼굴을 까먹어 버렸다.

귀가 어두워져 엄마는 싫은 소리를 잘 듣지 않았다. 서러운 일을 그토록 잘 기억하는 엄마의 기억력이 둔해진다면 엄마는 살기 편해지겠지. 엄마가 천천히 아기가 되길 바라며 나는 엄마 손을 잡고 또 수영장에 갔다.

2024년 마포
"예전의 춘실이가 아니야."

생애는 완벽할 수 없고 완벽할 필요도 없다.

_ 조해진, 《완벽한 생애》, 창비, 2021

    한동안 보이지 않던 쌍둥이 키우는 할머니가 다시 수영장에 오셨다. 병을 앓던 할아버지가 병원에서 가망이 없다고 해서 퇴원하게 됐다고 말씀하신 게 마지막이었다. 수영장 문 앞에서 "할아버지는 잘 계셔요?" 물으니 "갔어요" 하신다. "어디요?" 하고 되물으니 할머니는 하늘을 가리켰다. 이렇게 멀지 않은 곳에 저 너머가 있었다.

긴 간병이 끝나고서야 할머니는 비로소 스스로를 돌볼 수 있었다. 어깨 수술을 해서 오랜만에 오셨다는 할머니는 팔을 들어 올리지 못했다. "아는 사람 만나서 잘 됐네." 할머니는 수모를 씌워 달라고 부탁했다. 모자를 먼저 쓰고 지퍼식으로 된 수영복을 입은 채로 할머니는 엄마와 한참 재잘거렸다. 물소리에 가려 말소리는 잘 들리지 않았다.

엄마는 버찌 그림이 그려진 수영복을 겨울용으로 새로 장만했다. 분홍색 버찌를 입고 물에 떠 있으면 그야말로 '체리 온 탑'이었다. 엄마는 새 수영복을 입고 자유형 발차기 연습과 물에 얼굴 담그기 연습을 했다. 세 번씩 하다 다섯 번씩 하는 것으로 횟수를 늘렸다.

① 손으로 코를 막고 물에 머리를 담근다.
② 코를 막지 않고 숨을 참고 물에 머리를 담근다.

엄마는 세 번에 한 번은 물을 먹으면서 2번을 연습하고 있다. 4년 동안 헤엄쳤지만 아직 모든 동작을 매끄럽게 이어서 자유형을 하진 못한다. 레인과 레인을 나누는 선을 넘을 때 엄마는 "이제 조금만 더 하면 자유형 되겠다!" 하고 미래를 기약했다.

"엄마는 구름에 달 가듯이 가는 나그네."

박목월의 시를 읊으며 나는 발차기 하는 엄마를 레인 저쪽으로 밀어 주었다. 엄마를 밀어 줄 때 "토끼야 용궁 가자"와 더불어 자주 하는 농담이었다.

엄마 친구인 영금 아줌마가 옥상 텃밭에서 호박을 기르는데 예쁘다, 귀엽다 말하면 호박도 예쁘게 자란단다. 그래서 나도 엄마 수영에 "발차기 이쁘게 잘한다, 손 곱게 잘 젓는다" 좋은 말만 얹었다. 엄마 손은 작고 소담하니 보기 좋다. 찰박대며 물을 퍼내는 소리는 마요르카의 파도 소리 같다.

손목 골절로 신경을 이어 붙인 손이다. 엄마는 작은 공을 쥐었다 폈다 하며 재활 훈련을 했다. 날이 추우면 손이 저릴 때가 있지만, 엄마는 공을 쥐듯 손을 둥글게 말고 물을 조심스럽게 퍼내는 동작을 아직 힐 수 있다.

수영은 얼렁뚱땅 되는 거라고 분홍모자 어머님이 알려줬단다. 딱 한 번 오리발을 착용하고 발차기 연습을 해 본 후 엄마는 오리발에 더는 욕심내지 않고 그날 치 수영을 했다. 오리발을 신으면 속도가 너무 빨라서 조금 무서웠단다.

오춘실의 겨울

물에 엄마를 넣어 두면 애쓰지 않아도 천천히 나아진다는 것이 신기했다. 엄마는 팔, 목, 허리, 골반 순으로 자유로워졌다. 배영을 능숙하게 하게 된 엄마는 "뒤로 해 봤으니까 앞으로도 될 걸 내가 알지" 하고 한 겹만큼 나아지는 수영에 의지해 나아갔다. 엄마의 몸은 물속에서 느리게 해방되고 있다.

나이가 들면서 엄마는 추위를 더 타게 됐다. 45분씩 하던 수영이 겨울엔 40분으로 줄었다. 수영이 끝나면 몸을 덥히려 사우나에 들어갔다. 스무 명씩 걷기 운동을 하는 주말 오리 부대에서 청일점으로 홀로 걷는 용감한 할아버지 한 분도 사우나에 계셨다. 아내와 함께 걷기 운동을 꾸준히 하신단다.

"어릴 때 물에 빠진 적이 있어서 물이 무서워요." 엄마가 말을 건네자 할아버지는 엄마를 추켜세운다. "그래도 용감하셔. 우리는 수영은 도전 안 하거든."

그 뒤로 마주칠 때마다 오리 할아버지는 엄지를 세워 엄마를 응원했다.

입수 전에 엄마와 나는 늘 뒤뚱대며 체조를 했다. 엄마가 허리를 돌리고 있으면 다른 할머니들이 함께 따라 하기도 했다. 여러 명이 체조를 하고 있으니 다른 할머니들도 와서 농담을 했다. "애기가 왔구나." '애기'는 내가 아니라 엄마였다. "엄마랑 딸이 바뀌었네." "엄마가 딸한테 '엄마' 하고 불러라." 할머니들의 농담 끝에 한마디가 귀에 콕 박혔다.

"엄마가 잘 맞춰 주는 거야. 뻣뻣하면 저게 안 돼."

우리가 사이좋게 헤엄칠 수 있는 것은 엄마 덕분이었다. 나만큼이나 엄마도 내 욕심에 맞추고 있는 것이었다. 엄마가 유연한 사람인 덕분에 우리가 잘 지낼 수 있다는 걸, 나는 늘 그렇듯이 또 늦게 깨달았다.

오랜 직장 생활은 내게 굽은 등을 남겼다. 딱딱하게 굳은 등을 돈가스 망치로 두들겨 펴고 싶어지는 날이면 수면에 몸을 눕히고 배영 발차기를 했다. 하루 대부분을 거북이로 살다가 몇 분 목을 편다고 퍼질 리가 없었다. 누운 자세로 팔을 위로 뻗고 책 보는 걸 좋아하는 나는 필연적으로 점점 더 굽어 갈 것이다.

내가 다니는 지압센터의 선생님은 시각장애인이다. 선생님은 내가 스트레스받는 주간엔 몸이 더 딱딱해지는 걸 알아챘다. 가끔 수영 얘기를 할 때도 있었다. 선생님도 수영을 다녔던 적이 있는데, 시야가 좁아 앞사람하고 부딪치기도 해서 강습을 좀 받다 말았단다. 수영을 오래 하면 익숙해져서 어렵지 않다고, 조금 더 해 보시면 편해질 거라고 하니 지압 선생님은 "선생님은 시야가 좁아져 본 적이 없잖아요" 하고 대답하셨다.

좁아 본 적도 없으면서 해 보시라고 설불리 말했다. 레이먼드 카버의 단편소설 〈대성당〉을 떠올리며 선생님의 감각을 느껴 보고 싶어 눈을 감고 수영을 해 봤다. 앞이 보이지 않으니 겁이 났다. 내가 모르는 게 얼마나 많을까. 언젠가 내 시야도 좁아질 것이고, 그러면 나는 다른 세상을 알게 될 것이다.

수영을 할 때마다 나는 내가 이렇게나 살고 싶어 한다는 사실에 깜짝 놀라곤 한다. 머리가 깨질까 봐 스타트 다이빙 배우기가 무서웠고, 잠영을 할 땐 숨이 한참 남았는데도 레인 절반 지점에서 물 위로 몸이 떠오르고 만다. 김지연의 단편소설 〈공원에서〉 속 문장처럼 "뜻대로 된 적은 별로 없지만 나는 사는 게 좋았다. 내가 겪은 모든 모욕들을 무슨 수를 써서라도 극복해 내고 싶을 만큼 좋아한다". 죽는 게 무서울 정도로 사는 걸 좋아한다는 걸 나는 물속에서 알았다.

50대 여성 진행자를 20대 여성으로 교체하고선 이마를 번들거리며 웃는 백인 할아버지 주주들이 등장하는 영화 〈서브스턴스〉를 보며 화가 난 이유도 내가 삶을 너무 좋아하기 때문이었다. 나이 든 남자인 자신들은 비키지 않을 거면서 나이 든 여자인 내게 젊은 감각 운운하면서 때가 되면 그만 비키라고 한다. 저 남자들에게 영화처럼 피분수를 쏘아 댔어야 했다고 씩씩거린 건 계속 이 삶을 살아 내고 싶어서였다. 나는 《한 게으른 시인의 이야기》의 최승자식으로 오래 살아갈 것이다. '내가 먼저 깽판 쳐 버릴 거야. 신발짝을 벗어서 네 면상을 딱 때려 줄 거야. 그리고 절대로 고이 죽어 주지 않을 거야.'

나는 변변찮은 여자 선배를 한 명도 알지 못했다. 오래 일한 여자들에겐 다 저마다의 곡절이 있었다. 그제야 좀처럼 비켜 주지 않고 당당하게 길을 막고 수영하는 할머니들이 왜 그렇게 좋았는지 알 것 같았다. 변변치 않을지라도 헤엄치고 싶다. 나도 꼭 길 막는 여자가 될 것이다.

걷기반 오리부대엔 검정 수모파, 파란 수모파가 있다. 아쿠아로빅 단체반이란다. 할머니들은 아쿠아로빅을 하러 오라고 엄마도 초대했다. 어떤 할머니는 샤워장에서 갑자기 엄마 발 크기를 묻더니 연분홍색 아쿠아용 운동화를 엄마에게 선물하기까지 했다. "뭐야? 엄마 왜 이렇게 친구 많아?" 하니까 엄마가 "예전의 춘실이가 아니야" 했다. 30대일 적에 엄마는 말수도 적고 웃음도 없었다. 지금 엄마는 말도 많고 아주 크게 웃는다.

"수영 가르쳐 줘서 고마워."

나는 감동해 엄마를 끌어안았다. 엄마는 수영을 어느 정도 할 줄 알게 되면 평일 오후 아쿠아로빅반에 등록해 나 없이 수영을 다니는 게 목표다. 엄마는 아직도 수영을 잘하지 못한다. 그리고 난 그런 엄마가 좋다.

에필로그

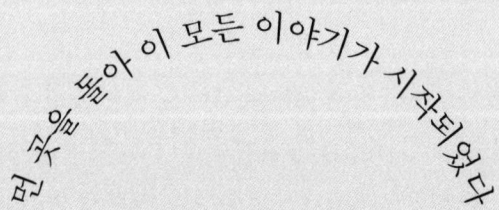
먼 곳을 돌아 이 모든 이야기가 시작되었다

토요일 오후 6번 레인은 늘 애매했다. 개인 강습반에서 쓰거나, 초급 자유수영이 쓰거나, 어린이반이 쓰는 식으로 사람이 섞였다. 초등학생 손녀를 데려온 할머니와 킥판을 잡고 발차기 연습을 하는 엄마를 데려온 내가 한 레인에서 섞였다. 손녀는 캥거루처럼 할머니한테 매달려 있었다.

여자 아기들을 보면 애틋해졌다. 영화 〈더 폴〉의 알렉산드라가 로이의 환상적인 모험이 진짜라고 믿는 것처럼, 영화 〈벌집의 정령〉의 아나가 영화 속 '프랑켄슈타인'이 현실에 존재하지 않는다는 걸 알지 못하는 것처럼 아기들은 농담과 진짜를 구분하지 못했다. 엄마가 아기들에게 장난으로 "너 우리 집 가서 살자!" 하면 아기는 "싫어요" 하고 엄마가 자기를 잡아갈까 무서워서 고개를 숙였다. 엄마와 할머니는 그런 아기를 보며 "우리 애 클 때랑 똑같네" 하고 웃었다. 엄마가 짓궂게 굴어서 아기를 불안하게 만들면 엄마를 단속하고 싶어졌다. 풍채가 좋은 사십 먹은 나를 '우리 애'라고 할 때 무안한 것도 물론이다. 하지만 엄마에겐 엄마 맘대로 실수할 자유가 있고, 실수한 사람이어도 나는 엄마를 계속 좋아할 수 있다.

수영을 하고 나오니 영화 〈서브스턴스〉 같은 풍경이 있었다. 몸을 반으로 쪼개 '수'를 꺼낸 '엘리자베스'처럼 샤워 중인 할머니의 척추 아래로 길게 절개한 자국이 나 있었다. 그 할머니는 허리에 복대를 두르고 수영복을 입고 수모를 착용했다. 그 허리를 세우고 할머니는 물살에 몸을 맡긴 채 오리 친구들과 걷기에 열중할 것이다.

아기들도 현실과 픽션이 다르다는 걸 구분할 수 있게 될 때는 마음이 많이 무너지고 찢어질 것이다. 하지만 괜찮아. 언젠가 상처로 숨을 쉴 수 있으니까. 벌어진 자리로 우리는 말할 수 있다.

호랑이를 닮은 할머니는 자신을 철학 박사라고 소개했다. 유심히 나를 보는 할머니 눈에서 예사롭지 않은 기운이 느껴졌다. 이화여대 앞에서 타로로 큰돈을 벌어 집안을 일으켰다는 황 박사님은 이렇게 만난 것도 인연이니 손금을 봐 주겠다고 했다. 그는 내가 잘될 거라고, 점점 더 편안해질 거라고 하면서 이런 말을 덧붙였다.

"나도 오십 때는 칵 죽고 싶었어요. 돈이 하도 없어서. 육십 때도 언제 잘되나, 언제 풀리려나 했는데 칠십에 일어선 거야."

"저 칠십까지 이렇게 살아야 하나요?"

농담하면서도 막연한 행운이 먼 곳에 있다는 게 그리 싫지 않았다. 물에 잠길 때마다 나는 생각했다. 누구 좋으라고 비켜. 사는 게 이렇게 좋은데. 사는 게 정말 좋다는 건 엄마가 내게 가르쳐 준 것이다.

친구들과 아산에서 동네 수영장에 갔다. 언니들과 줄줄이 50m 수영장에서 양껏 수영을 하고 사우나에 앉아서 수다를 떨었다. "수영복 입고 사우나 하면 옷 삭는대" 하니까 먼저 와 계시던 할머니가 동네 특유의 느린 말투로 툭 던졌다. "아유, 삭는 게 걱정이여? 안 삭는 게 걱정이지. 좀 삭아야 새것 좀 입어 보지." 앞으로 수영복을 사면 몇 벌을 더 사겠냐고, 사는 날이 짧은 게 걱정이지 수영복값은 안 아깝다고 하셔서 여여노소 다 같이 와르르 웃었다. 나는 머릿속에서 새 수영복을 입은 엄마를 상상해 보았다. 세상엔 과일이 아주 많고 엄마가 입어 보지 못한 과일 수영복은 아직 너무너무 많다.

우리보다 먼저 수영장에 온 아주머니들이 수영장에 딸린 카페에서 차를 한잔씩 하고 있었다. "인사할겨." 엄마는 신이 나서 "이게 누구신규?" 하고 그 모임에 들렀다가 붕어빵을 얻어 왔다. 수영장에서 먹는 붕어빵은 희한하게 더 맛있었다. 한동안 붕어빵에 빠진 우리는 수영하고 나오는 길엔 꼭 붕어빵 2천원어치를 샀다. 버스정류장에 나란히 앉아 붕어빵을 먹으며 "이제 붕어빵도 곧 장사 끝나네" 했다. 겨울이 가고 있었다. "내년에도 붕어빵 먹어야지?" 엄마는 의심하지 않았다.

"어 벌써 싹 나온다?"
엄마가 나뭇가지 끄트머리에 동그랗게 맺힌 새 눈의 기

미를 알아챘다. 엄마는 겨울이라 약간 통통해졌다. 날 풀리면 낮잠 자는 시간이 아까운데 겨울엔 잠을 많이 자서 그렇단다. "이제 날 따뜻해지면 또 산으로 들로 돌아다녀야지." 봄을 좋아하는 엄마는 봄바람을 기대하고 있다. 나는 엄마의 세계가 더욱 넓어지길 기대한다.

부산에 사는 영진을 현선에게 소개받아 알게 되었다. 기장에서 영진과 같이 50m 풀을 천천히 돌았다. 광안리에서 패들보트를 탈 때 광안대교까지 노를 저어 나가면서 멸치가 튀어 오르는 신기한 광경을 나만 봤다. 물결에 반사된 햇빛에 눈이 부셨다. 최은영의 소설 〈아주 희미한 빛으로도〉가 떠오르는 광경이었다. '나도, 더 가 보고 싶었던 것뿐이었다'.

진은영의 시 〈그 머나먼〉에서 화자는 홍대 앞보다 마레지구를, 동생 희영이보다 앨리스를, 국어사전보다 세계대백과를 좋아한다. 그것들은 '멀리 있으니까 여기에서'.

나는 마추픽추를 구경했고 나이아가라 폭포에서 쏟아지는 물을 맞았다. 그 먼 곳을 돌고 돌아 겨우 엄마 옆에 왔다. 아주 찰싹 붙었다.

계절이 바뀌면 패들보트를 타러 가고 싶다. 다음엔 엄마도 함께이면 좋겠다.

"부산에 현선이 친구 영진이라고 있는데…… 엄마도 곧 알게 될 거야."

우리 친구들을 보면 인사하듯 엄마는 "이게 누구야!" 하고 꼬리를 흔들며 영진에게 다가가겠지. 그렇게 영진은 엄마를, 엄마는 영진을 또 좋아하게 될 것이다.

현선이가 부산 중앙동에서 사진 전시를 해서 엄마 아빠랑 부산에 간 적이 있었다. 중앙동에서 멀지 않아 아빠가 자란 좌천동의 매축지마을도 같이 구경했다. 피란민들이 마구간에 세 들어 살며 자연적으로 만들어졌던 마을이란다. "이런 데서 사람이 살았네." 아빠는 남 얘기를 하듯 아득히 말했다. 집 앞에서 놀다 파도가 밀려들어 쓸려간 아빠를 어떤 청년이 구해 준 일이 있었단다. 아빠가 우여곡절 끝에 어른이 되어 엄마를 만나면서 이 모든 이야기가 시작되었다.

부산 지하철 동해선은 한산했다. 역사 천장은 우람한 철골로 이루어져 있었다. 아빠는 동해선 천장을 올려다보며 아빠가 평생 만들던 게 이거라고 알려 주었다. 걸음이 느린 엄마와 아빠는 앞서가는 나보다 한참 뒤처져 들리지 않는 소리로 자기들만 아는 얘기를 주고받았다.

아빠가 태어난 곳이라 엄마에겐 부산이 특별한 곳이다. 우리는 다음 부산 여행에서 또 모르던 것을 알게 될 것이다. 엄마와 나는 미래의 부산 여행을 상상하며 높고 흰 겨울 하늘을 올려다봤다. 엄마에겐 아직 삶이 한참 남아 있다.

오춘실의 사계절

2025년 7월 31일 처음 찍음
2025년 8월 30일 두 번 찍음

지은이 김효선
펴낸곳 도서출판 낮은산
펴낸이 정광호
편집 강설애
제작 세걸음
출판 등록 2000년 7월 19일 제10-2015호
주소 10881 경기도 파주시 회동길 216 202호
전화 02-335-7365(7362)
팩스 02-335-7380
홈페이지 www.littlemt.com
이메일 littlemt2001ch@gmail.com
인스타그램 @little_mt2001
제판·인쇄·제본 상지사P&B

ⓒ 김효선 2025

ISBN 979-11-5525-182-9   03810

* 이 책 내용의 일부 또는 전부를 재사용하려면 반드시 저작권자와
도서출판 낮은산 양측의 동의를 받아야 합니다.